读客中国史入门文库

顺着文库编号读历史，中国史来龙去脉无比清晰！

曹操多阳谋

曹操的可怕，在于他光明正大、防无可防的阳谋。

本书为你——复盘曹操挟天子以令诸侯、义释关羽、以"不孝罪"杀孔融等史上顶尖阳谋背后的逻辑与智慧。

秦涛　著

河南文艺出版社

·郑州·

图书在版编目（CIP）数据

曹操多阳谋 / 秦涛著. —— 郑州：河南文艺出版社，
2022.6（2025.5重印）

ISBN 978-7-5559-1352-8

Ⅰ．①曹… Ⅱ．①秦… Ⅲ．①曹操（155—220）－传
记 Ⅳ．①K827=342

中国版本图书馆CIP数据核字（2022）第083507号

著　　者	秦　涛
责任编辑	梁素娟
责任校对	李亚楠　杨长春
特约编辑	乔佳晨
策　　划	读客文化　021-33608320
版　　权	读客文化
封面设计	张王珏
封面绘画	周　末
出版发行	河南文艺出版社
印　　刷	三河市龙大印装有限公司
开　　本	680mm×990mm 1/16
印　　张	14.5
字　　数	182千
版　　次	2022年6月第1版　2025年5月第6次印刷
定　　价	49.90元

如有印刷、装订质量问题，请致电010-87681002（免费更换，邮寄到付）

序

公元298年，西晋立国已有三十余年，三国的烽烟早已消散。名将陆逊的孙子陆机出任著作郎，有机会进入"中央档案馆"，目睹曹操遗嘱的原件。

他原以为像曹操这样伟大的人物，遗嘱必有非同凡响之处。可是一读之下，他大失所望。遗嘱絮絮叨叨，交代的大多是家长里短、儿女情长：如何安置生前喜爱的歌伎舞女，如何处理生前穿过的服饰，姬妾们在他死后怎样谋生，心爱的小儿子在他死后由谁照顾……

陆机读完遗嘱，感慨良久。他说：像曹操这样的大人物，曾经掌握着整个天下的命运，如今却连小儿子的命运都只能拜托他人；他的智谋曾经用来处理军国要务，如今竟然倾注于家务之事。英雄迟暮，令人伤感！这是魏晋人阅读曹操遗嘱的感受。他们心目中的曹操是"非常之人，超世之杰"，遗嘱不应该这么平庸。

北宋名臣司马光给好友写信，说："我昨天读《三国志》，看穿了一件事情。曹操临死交代后事，哪还有比取代汉朝、建立魏朝更大的事情呢？可是曹操的遗嘱，絮絮叨叨几百字，怎么安置姬妾、怎么分配衣服都讲到了，居然没有一个字涉及汉魏禅代。这是为什么？我猜，这一定是曹操最后的计谋。他想让子孙去背篡位的黑锅，自己保持一个汉朝忠臣的完美形象！"明朝人评价说：司马光的眼光太毒了！把曹操的心都剖出来了！

这是宋、明人阅读遗嘱的感受。他们心目中的曹操是大奸大恶、奸雄国贼，就算临终之言也一定隐藏着不可告人的阴谋。

十年前，我写《黑白曹操》，只用这份遗嘱考证了一下"曹操墓之谜"。这是现代人阅读遗嘱的方式：相信理性与证据，拒绝对曹操进行脸谱式的描绘，伟人也可以关注家务，坏人也可以吐露善言。

十年后，我重理旧稿。修改既竣，再读陆机的《吊魏武帝文》，不禁废书而叹：

我自称客观，自诩相信理性与证据，可是我还能怎么写曹操呢？

能力出众的人杰？这不是《三国志》的评语吗？

托名汉相、实为汉贼？这不是反对者的污蔑之辞吗？

性格谲诈的政治强人，偶尔显露真性情的大反派？这不是《三国演义》塑造的艺术形象吗？

法家风格的实干派、统一北方的政治家？这不是毛泽东时代的翻案文章吗？

当初奋起反抗恶龙的屠龙少年，最终迷失堕落为恶龙的故事？这倒能迎合现代人的想象，直击现代人的兴奋点，可是——这是曹操吗？青年时代，结交清流、刺杀宦官张让、反抗军阀董卓，这是黑化之前的曹操；中年以后，挟持天子、追杀刘备、屠戮徐州百姓、玩弄阴谋诡计，这是黑化之后的曹操：这样非黑即白的描述，能令曹操心服吗？

现代人之所谓"迷失"，焉知不是曹操真正把握住了自我？现代人之所谓"堕落"，焉知不是曹操复杂人格的升华？现代人之所谓"黑化"，焉知不是曹操参合天地宇宙，洞见了本原的纯白？

延续了四百多年的大汉王朝，犹如千疮百孔的庞然巨物，行将崩溃。原本寄生于巨物之上的种种生灵，弱小者独善其身，强大者兼济天下；守旧者力挽狂澜，开新者推波助澜。每个人都用不同的方式，应对时代的危机。唯一相同的是：过往历史经验无法为这场前无古人的变局提供剧本。每个人都只能即兴发挥，无人喊停，至死方休。

苍天已死，尽人皆知。可是路在何方，只有走一步看一步。

曹操的前半生，也和大多数人一样彷徨无措，也曾期待高明者指点迷津。可是一路走来，不经意间，他竟然超越了绝大多数所谓的高明者，走到了时代的最前沿。前方已是人迹罕至，无路可走；后面却是无数的追随者、观望者、质疑者。进，一片漆黑；退，则万丈深渊。曹操在《苦寒行》中，用"回到东方"的隐喻，描述了此时的心态：

我心何怫郁？
思欲一东归。
水深桥梁绝，
中路正徘徊。

本来只想跟在别人后面、挣一份功名做个"征西将军"的曹操，不知不觉被推到了距离天子之位只剩一步之遥的位置。但他看见的不是人人觊觎的天子之位，而是无人见过的壮阔风景：

东临碣石，以观沧海。
水何澹澹，山岛竦峙。

树木丛生，百草丰茂。

秋风萧瑟，洪波涌起。

日月之行，若出其中；

星汉灿烂，若出其里。

幸甚至哉，歌以咏志。

这一层境界，陆机没有见过，所以他大失所望；司马光也没有见过，所以他认定暗藏玄机。曹操见过，所以"死去元知万事空"，生活才是最真实的。

"曾经顶天立地的英雄，如今收敛于一具棺木之中；曾经光耀四方的人物，如今遮蔽于一抔黄土之下。"这令陆机伤感，于曹操本人而言，却未尝不是坦荡与释然。

秦　涛

2022年1月15日于重庆

目　录

第一章
乱世顽童

熟悉的陌生人

曹操，对于中国人而言，是一位最熟悉的陌生人。

为什么说曹操最熟悉呢？一千八百多年以来，经过正史、野史、评书、小说、戏曲、影视剧乃至游戏、漫画的不断刻画，曹操的形象，不论是历史形象还是艺术形象，均可称得上是家喻户晓、妇孺皆知，熟得不能再熟了。

那为什么又说曹操是陌生人呢？这里有以下三个问题。

第一个问题：曹操是谁？

曹操是政治家。他是汉末的丞相，是汉末的强人、"乱世之奸雄"；他是魏武帝，是三国之中曹魏帝国的奠基人。

曹操是军事家。他是用兵如神的统帅，谲诈百变的战将；他是《孙子兵法》最重要的注释家之一，自己还撰写了十多万字的兵法。[1]

曹操是文学家。他是"建安风骨"的开创者，与其子曹丕、曹植合称"三曹"，在中国几千年的文学史上，恐怕只有"三苏"（苏洵、苏轼、苏辙）堪与其相提并论；曹操的名句，如"老骥伏枥，志在千里；烈士暮年，壮心不已"，在过去的中国，几乎家弦户诵，今天读来仍有巨大的感染力。

这是人们所熟悉的曹操。但是曹操的其他面目，随着时间的流逝、史籍的亡佚和知识背景的变迁，逐渐变得不为人知。比如：

书法家曹操。曹操工于书法，史称"尤工章草[2]，雄逸绝伦"。传说曹操西征张鲁，路过褒城的石门（今陕西勉县东北），见到褒水湍急，浪花滚滚如雪，兴之所至，提笔写了"衮雪"二字，刻于礁石。左右不解，问道："浪花滚滚如雪，该写'滚雪'才是。这个'衮'字，怎么没有三点水呢？"曹操手指褒水，哈哈大笑："你看这惊涛拍岸、逝者如斯，还缺水吗？"左右叹服。这"衮雪"二字，目前还保存在汉中博物馆，据说就是曹操的真迹。

音乐家曹操。古代的诗歌，相当于今天流行歌曲的歌词；作词之后，还要谱成曲子，进行演奏和演唱。曹操是诗歌创作的大师，在作曲、演奏乃至演唱方面，也有高深的造诣。史书说他"登高必赋，及造新诗，被之管弦，皆成乐章"。曹操的唱功，恐怕也很好。他常常"对酒当歌"慨叹"人生几何""幸甚至哉，歌以咏志"。这样一个能作诗、懂音乐、会唱

1　西晋陈寿撰写的《三国志》第一篇《武帝纪》，是正史之中曹操的个人传记。南朝宋人裴松之为《三国志》做注释，补充了许多当时还能见到的材料。《三国志·武帝纪》注引王沈《魏书》说："其行军用师，大较依孙、吴之法，而因事设奇，谲敌制胜，变化如神。自作兵书十万余言，诸将征伐，皆以新书从事。"（曹操打仗，大致依照孙子兵法、吴起兵法的基本原则，再结合战场具体变化，出奇制胜、变化如神。他自己写了十万多字的兵书，手下将领打仗，都依照曹操的兵书行事。）——作者注（若无特别说明，本书注释均为作者注）

2　章草：一种由隶书演化而来的早期草书。

歌的军事、政治人物，千载而下，我们无从目睹，只能遥想了。

养生家曹操。和许多帝王一样，曹操也期望长生；但他的长生，并不靠炼丹、求仙，而是主要建立在医学基础之上。他曾经招聘了一群"方术之士"，包括因《三国演义》而著名的左慈、华佗等人，让他们在身边研究养生科学，顺便为自己疗养。所谓"方术"，今天看来可能是巫术、魔术、迷信和一点点早期医学的大杂烩，但在当时都是重要的先进知识，有一整套的学术体系作为支撑。此外，曹植还曾解释曹操招聘方士的目的："我父亲之所以将这群人都聚集在身边，就是怕他们挟持妖术，为害民间。哪里是为了长生不老呢？"[1]要说一点儿养生的目的都没有，恐怕也不是事实；不过综合来看，曹操应该会对这群方士"综核名实"，考核他们究竟是否有真材实料，从而禁其假者、用其真者吧？

如果要继续罗列下去，还有围棋高手曹操、格斗专家曹操、建筑师曹操、发明家曹操……

不过，随着史料的亡佚、知识背景的变迁，曹操的书法，现代人没有眼福得见；曹操的音乐，现代人欣赏不来；曹操的养生术，现代人不敢用。而制度的创设、谋略的运用，却是人类经久不衰的主题。所以本书想要着重介绍的，是作为谋略家的曹操。

第二个问题：曹操做了什么？

曹操一辈子打了很多仗，进行了很多政治斗争，害死了很多人，对后世影响非常深远，这是大家熟悉的。但是，从另一个角度来讲，汉末三国曾经发生一次重大的变革：思想上，有汉一代三百多年独尊儒术、儒家思想一统天下的局面瓦解，曾经被儒家思想压制的道家、法家、佛家，乃至阴阳、五行、方技者之流，纷纷浮出水面，争先恐后地呼吸着久违的新鲜空气，借

---

1 《三国志·方技传》注引曹植《辨道论》："世有方士，吾王悉所招致，……卒所以集之于魏国者，诚恐斯人之徒，接奸究以欺众，行妖慝以惑民，岂复欲观神仙于瀛洲，求安期于海岛，释金辂而履云舆，弃六骥而美飞龙哉？"

着时代的风向，沁入民众的肺腑心田，思想界重新进入了百家争鸣的时代；制度上，汉朝法律体系杂乱无章的弊端得到了根本改变，中国从此有了系统的、简明的、统一的基本法典。这样一个对后世影响深远的大变革的开启者，正是曹操。从这个角度来看，曹操有不为人知的功劳。

第三个问题：如何评价曹操？

二十多年前，我第一次读《三国演义》。那时候年少无知，曾经提出这么一个问题："曹操到底是一个好人，还是一个坏人？"我想，读过《三国演义》、和我有过同样疑问的人，大概不在少数。曹操这个人物太复杂了，他游走在正义和邪恶的边缘，挑战着人们普遍的道德伦理观念。在曹操的身上，"好人"和"坏人"这样简单的道德标签通通失效。所以，在价值多元化的今天，京剧舞台上大白脸的曹操固然脸谱化得令人生厌，而重新把他的大白脸抹上其他单色的油彩，也没有任何意义。曹操死了一千多年了，你喜欢或者不喜欢，曹操就在那里，不增不减。我们要反思的问题是：为什么一千多年来，同样是这样一个曹操，却一会儿被国人捧上了天，一会儿又被国人踩下了地？为什么这一千多年来，中国人始终执着于对曹操进行道德评价？不仅中国历史上的曹操形象变化多端，在整个东亚文化圈中，日本人和韩国人心目中的曹操也随着地域转变而充满异域风情，随着时代切换而改变着自己流行的方式。

曹操本身没有问题，问题在于曹操的评价者——我们。我们究竟出了什么问题？

崇尚智术的家庭因素

带着以上种种问题、种种疑团，我们回到公元155年，东汉桓帝永寿元年。

在当时沛国的谯县（今安徽亳州）境内，一个婴儿呱呱坠地。这个小男孩，就是东汉末年历史舞台的男一号，姓曹，名操，字孟德，小名吉利，小字阿瞒。趁着这个小男孩还没长大，且腾出笔墨，介绍一下曹氏家族。

曹氏家族可以用两个特点来概括。

第一个特点：官宦之家。

《三国志·武帝纪》记载，曹氏的远祖是西汉王朝的开国元勋曹参。汉高祖分封功臣时，曹参凭借显赫的军功，在一百三十七位功臣中排名第二，仅次于萧何；萧何死后，曹参成为汉代第二任相国。不过，曹操出身的曹氏家族，究竟是不是曹参的后裔？这一点不必太认真。就像刘备自称汉景帝玄孙、中山靖王之后，孙权自称兵圣孙武之后一样，听听就算了。汉末魏晋正是讲究门阀、乱认祖宗的时代，如果没有清晰的世系表作为佐证，这些"远祖"都是不必当真的。

曹操的远祖不一定可靠，但他的父祖却都是当时炙手可热的人物。祖父曹腾，是汉朝的中常侍、大长秋，历仕安、顺、冲、质、桓五位皇帝，堪称五朝元老。曹操的父亲曹嵩，官至太尉。东汉原将宰相职权分为太尉、司徒、司空，号称"三公"，其中太尉是名义上的全国最高军事统帅。至于曹家人做过的太守、校尉之类，数都数不过来。所以说，曹家是不折不扣的官宦之家。

曹家的第二个特点是什么呢？官宦之家倒过来——宦官之家。

曹操家族，谁是宦官？曹操的爷爷，准确来讲是曹操的干爷爷——曹腾。曹腾早在曹操出生之前四十年，就已经净身入宫做了一名小宦官。曹腾年纪轻轻，却选择做宦官，其动机已经不可考，不过至少一半是因为穷。

《三国志》注引《续汉书》讲了曹腾父亲曹节的一个故事：曹节在乡里以"仁厚"著称。有一次，邻居家有头猪走丢了，找到曹家猪圈，发现一头一模一样的。邻居坚称这就是他们家走丢的猪。曹节说："既然是，那就拿去吧。"邻居带着猪走了。不久，邻家的猪自己走回来了，邻居这才知道自己搞错了，牵着曹家的猪登门道歉。曹节笑着说没事的，收下了猪，并不苛责对方。

这个故事的本意，当然是要说曹家祖先行善积德，所以后世子孙光耀门楣。但是我们读史书不能这么老实，而应该仔细读出写史者原本没打算告诉我们的事情。细读这个故事不难发现：曹节时代的曹家，在地方上恐怕没权没势，任人欺负。能够任凭邻居上门，到猪圈中随意寻找的人家，恐怕不会有深宅大院吧？而人性多恃强凌弱，这个邻居能无理搅三分，愣是从曹家牵走一头猪，恐怕也是欺软怕硬的成分多一些。史书盛称曹节的"仁厚"，换成今天的话语，就是老实没用的人。这个老实没用的人，后来被曹魏皇室追尊为"处士君"，也就是"没做过官的白丁"的意思。这位处士君有四个儿子，曹腾是老三。儿子既多，不怕绝后，就腾出一个，让他入宫当了宦官，一来节省开销，二来贴补家用，应该是合理的猜测。

除了穷，更重要的原因可能是：在东汉王朝，宦官是一份很有前途的职业。

东汉的皇帝创造了一项历史纪录：寿命短。短到什么程度？除了开国的光武帝、明帝父子，以及亡国的汉献帝，居然没有一个活过四十岁的。

这就造成了一个恶果。

首先，皇帝即位的时候年纪太小，根本没有能力处理朝政，就只好把朝政委托给他的监护人来掌管。一个人的监护人，无非父系、母系两派亲戚，中国人叫"内亲（父系）外戚（母系）"。父系亲属，那些叔伯兄弟，个个都是皇位的潜在继承人，小皇帝如果找这些人来掌管政权，要不了多久就该驾崩或者禅让了。所以在皇帝幼小的情况下，中国古代王朝的一般策略是压制宗室（父系亲属），让母后临朝。

古代男女授受不亲，女性不便走出禁中与大臣直接商讨国政，更不方便巡行各地、视察工作。所以母后临朝只是一个形式，皇太后多半会让自己的父亲、兄弟执掌政权。这些人就是外戚。

皇帝如果长大成人，找到外戚，说："请把政权还给我吧，我已经成年了，具有完全的民事行为能力了，用不着你监护了。"那就无异于与虎谋皮。外戚虽然是异姓，从制度上讲，无法世袭掌权，但一旦尝到权力的甜头，没有人会主动放弃。外戚既然不肯和平让权，皇帝就只好暴力夺权。但是皇帝自幼生于深宫之中，长于妇人之手，根本没有机会接触大臣和武士，何来暴力呢？唯一的选择，就是求助于身边最亲近的人——宦官。东汉好几个外戚，都是被皇帝联合宦官，发动宫廷政变给扳倒的。

扳倒了外戚，论功行赏，宦官自然是最大的受益者。但是谁能料到，宦官帮助皇帝夺回政权以后，往往比外戚还要专横跋扈：外戚好歹还是正常人，而宦官乃是"刑余之人"，基本上都有点心理变态。下一任皇帝没办法，回过头再来找外戚：我知道错了，请你帮我推翻宦官吧，毕竟咱们是自己人，肥水不流外人田。就这样，整个东汉王朝不是外戚压倒宦官，就是宦官推翻外戚，外戚和宦官互相夺权、轮流执政。皇帝呢，只好穿着龙袍跑龙套，被晾在一边看热闹。这几乎成了东汉政治的基本模式。

在外戚与宦官的角力之中，宦官逐渐占了上风。越到汉末，宦官的势力越大。更何况，这曹腾还不是普通宦官，他是一名资深宦官。曹腾早在汉安帝时期入宫，先后服侍了五位皇帝，官至中常侍、大长秋（这是当时宦官能够做到的最大的官），还被授予侯爵。西汉一代名将"飞将军"李广，一辈子出生入死，饮血沙场，却无缘封侯，最终因不愿接受刀笔吏的审讯凌辱而引刀自尽，留下了"李广难封"的遗憾；曹腾区区一个宦官，安居深宫大内，居然得以封侯。两汉前后对比，不能不令人感慨历史的恶作剧。

侯爵，是可以子子孙孙、世世代代继承下去的。但是曹腾身为一名资深宦官，要钱有钱，要权有权，唯一的也是宦官们共同的遗憾就是：没有儿子。怎么办呢？汉顺帝时期的一条法令，为曹腾打开了方便之门："听中官得以养子为后，世袭封爵。"（《后汉书·顺帝纪》）允许宦官收养一名干儿子做政治遗产的继承人。将来宦官死后，政治遗产由干儿子继承。根据这条法律，曹腾依法收养了一个干儿子，这个人就是曹操的父亲——曹嵩。

关于曹嵩，有一个很具争议性的话题：他本姓什么？

陈寿《三国志》说："莫能审其生出本末。"曹嵩是哪一家的，已经搞不清楚了。西晋的陈寿尚且搞不清楚，千年后的我们就更搞不清了。不过，裴松之注《三国志》，引了两本比陈寿更晚的书，提供了一个说法："嵩，夏侯氏之子，夏侯惇之叔父。"认为曹嵩本姓夏侯，他是后来的曹魏名将夏侯惇的叔父。其实，不必裴松之提供这个说法，曹氏与夏侯氏的关系本就令人想入非非。

《三国志》第九卷叫《诸夏侯曹传》，其中记录了夏侯氏、曹氏的功臣名人。这里的曹氏，当然都是曹腾一族的子弟。奇怪的是，为什么要把夏侯氏和曹氏写在一起呢？陈寿的解释是：夏侯氏与曹氏世代通婚。这个解释也有一个很大的疑点：如果说曹氏是内亲，夏侯氏是外戚，那么这一篇应该叫《诸曹夏侯传》才对啊，为什么却是夏侯氏在前、曹氏在后呢？一个合理的猜测是：曹嵩（以及曹操）本姓夏侯氏，后来入继曹氏。所以本族在前，继族在后。

我觉得：这个猜测，解释了小小的不合理，却造成了更大的不合理。

汉代的法令规定：禁止以异姓为后；而且以中国古人的习俗而言，一个家族倘非绝户，也不可能去立一个异姓为继承人。当然，立异姓为后的情况在民间并不罕见。例如刘备的养子刘封，本来就姓寇。但是，曹腾身为宫中著名的宦官，按照皇帝新颁布的特殊法令，过继一个养子，应该不敢也没有必要公然违反"禁以异姓为后"的汉律，去立一个夏侯氏的孩子。要知道，当时曹腾已经是曹氏家族的名人，他本人虽然无后，但其他各房抱着孩子求着想要过继的，一定大有人在，岂容外人插足？袁绍讨伐曹操时，命笔杆子陈琳写了一篇檄文，文中说："父嵩，乞丐携养。"乞丐在这里是动词，乞求的意思；携养，就是收养。这句话的意思是：曹操的父亲曹嵩，是乞求别人收养的。这个说法虽有侮辱之嫌，却大致符合一般过继收养的情形。

所以我认为，按照当时立继的法律与习俗，曹嵩是曹腾同族子弟的可能性较大。陈寿说"莫能审其生出本末"，是不清楚他是哪一房、哪一支的，而非不清楚他本来姓什么。

总的来讲，到了曹操出生的时候，曹氏家族经过两代人的积累，已经很富裕、很有权势；但是，以当时人的标准来看，又可以说曹操出身卑微，门第不高。东汉末年，门第观念很重。评价一个人身份如何，不光是看你官做得大不大、钱多不多，还得看你出身如何，你的父母、祖宗是干什么的。"门第"这项资源，要靠声望与教养的缓慢积累，不是暴发户的金钱和权力可以换来的。

曹操的父亲曹嵩，本来出身贫贱，靠着被过继给宦官才一步登天，这样的出身当然被当时人看不起，名声很臭。以当时的标准来看，曹操再有钱也只能算出身卑微。汉末的门阀世家子弟如袁绍、杨修等人，正是这样看待他的。

这种特殊的家庭背景，对曹操的性格影响很大：因为曹家有钱有权却名声不佳，所以曹操崇尚实用主义，在他看来，名声、教养之类都是浮云，金钱和权力才是硬道理；因为曹腾、曹嵩为官，走的都不是正路，而是捷径，所以曹操从小耳濡目染，崇尚智术，足智多谋，而且反应特别快；因为出身卑微，所以曹操从小缺乏安全感，疑心很重，心机很深，甚至还有残暴的一面……总之，曹操后来的许多性格特点，往往可以从其早期生活的家庭环境中找到影响的因素。

不走寻常路的读书人

曹操的少年时代，有哪些独特的经历呢？有三件事情值得一说：第一，少年曹操在大量阅读法家的书籍，学习法家的理论；第二，少年曹操在从事一项当时非常流行的违法犯罪活动；第三，少年曹操成了一起谋杀案的被害人。

先看第一点。

要明白曹操的特异之处，先要知道东汉时期一般儿童读书学习的情况。东汉末年的《四民月令》记载：贵族子弟，九岁上小学，十四岁小学毕业，和今天差不多。小学课程，分为初级班和高级班。初级班学习的内容有：《急就章》《三仓》，这是识字课，大体相当于今天的语文课；《九九》，这是乘法运算，相当于数学课；《六甲》《五方》，分别是天文、地理的基本常识。高级班学习《孝经》《论语》这些浅显易懂的儒家经典。小学毕业，没有什么初中高中，十五岁直接进入太学，学习《诗》《书》《礼》《易》《春秋》，仍然是儒家经典。

这就是东汉贵族的一般学习情况，循规蹈矩、按部就班，最终的教育目标就是把孩子培养成一个温文尔雅、文质彬彬的儒家理想人才。譬如曹操后来的对手袁绍，出身于汝南袁氏这样的大世族，家传孟氏《易》；曹操后来网罗在帐下的策士杨修，出身弘农杨氏，累世传习欧阳《尚书》。孟氏《易》、欧阳《尚书》，都是西汉就已确立的学术流派，源远流长。袁氏、杨氏与学术界的高层交往密切，文化底蕴深厚，所以能够传习这样高阶的学术。

曹操的情况就比较特殊。

一方面，曹操出生于汉末。汉末统治危机深重，官方的儒学难以救世，所以很多被压抑许久的学术流派逐渐抬头。许多比较新锐的士大夫、社会底层人士，都从道家、法家、兵家、阴阳家中寻求救世之道。曹操身处这样的时代背景，不可能不受影响。

另一方面，曹操出身卑微。干爷爷是宦官，爹是暴发户，都没什么文化，哪懂什么叫儒家、什么叫法家，反正小孩嘛，让他多看书就行呗。所以曹操的阅读范围并不局限于儒家经典，而是读书无禁区，诸子百家、兵书战策、史书杂传……什么都读，胃口很好；在典籍所载、汉末兴起的各色思想流派之中，与曹操天性最相适应、他本人也最感兴趣的，应该是法家和兵家。

《三国志·武帝纪》说曹操"揽申、商之法术，该韩、白之奇策"。申，申不害；商，商鞅，都是战国法家的代表人物。韩，韩信；白，白起，则是战国末年兵家的代表人物。曹操能总揽战国法家的法术之学，掌握秦汉兵家的兵法战策，由此可窥见他的学术倾向。《武帝纪》还说曹操"少机警，有权数"，也就是说他从小就很机灵，懂得权变之术。这和当时作为主流的儒家士大夫不一样。

曹操的"少机警，有权数"，可以看一个具体的例子。

《三国志》注引《曹瞒传》说：少年曹操不务正业，但他每次干坏事，父亲曹嵩总会立刻知道，将他责打一顿。几次三番之下，曹操暗中观察，发现告密者是他的一个叔叔。曹操对此怀恨在心，决心想个办法，永除此患。

有一天，他看到叔叔远远走来，立刻"啊"的一声惨叫，倒在地上，嘴歪眼斜，口吐白沫，浑身抽搐。叔叔见状不妙，赶紧跑来询问："阿瞒，你怎么啦？"曹操艰难地说："我……我突然之间中风了……"叔叔惊慌失措，对他说："你在这里别动，我找你爸来救你！"说罢，一溜烟跑到曹嵩处报信："兄长，大事不妙！你家阿瞒中风了，你赶紧看看去吧！"

曹嵩得此消息，心急火燎赶到现场，却见曹操面色红润，表情淡定，什么事都没有。曹嵩心下疑惑，问道："你叔叔说你中风了呀，这么快就好了吗？"曹操一脸茫然："啊？没有啊，我没有中风。"而后突然一副恍然大悟的样子，说："哦！我明白了！叔叔一向看不惯我，所以常说我的坏话。这我都习惯了，您老千万别往心里去。"

曹嵩一听也恍然大悟：难怪在你嘴里听不到我儿子半句好话，原来是这个原因！从此以后，无论曹操做什么坏事，他叔叔再打小报告，曹嵩一概不相信。曹操略施小计，就通过一次事件，彻底破坏了这个叔叔在曹嵩处的信用，这是他"少机警，有权数"的表现。这样撒泼打滚、机变百出的无赖手段，一定令士大夫不齿，但在未来的半个世纪中，也令这些高高在上的世家大族吃尽苦头。

这个故事，很多人都听过。接下来，我们不妨追问一句：曹操小时候究竟在干什么坏事？为什么他叔叔作为一个成年人，成天跟一个小孩过不去？

答：曹操在从事一项当时非常流行的违法犯罪活动——游侠。

勇敢者的游戏

两汉三国对于"侠"的理解，与今天有所不同，需要稍做辨析。

曹操后来的谋主荀彧有一位堂兄，名叫荀悦。此人曾这样解释"游侠"："意气高，作威福，结私交，以立强于世者，谓之游侠。"意思是说，气概不同凡响，以武力惩恶扬善，与志同道合者缔结生死之交，以此确立自己强势的地位者，就叫"游侠"。这是曹操同时代人对"游侠"的定义，值得参考。这段话告诉我们，要想在汉代成为一名"游侠"，有三个标准。

第一，自身要有相当的武力，足以惩恶扬善。所谓"武侠"，自古以来"侠"与"武"是分不开的。曹操的武艺就很高强。《三国志》注引《魏书》说曹操"才力绝人，手射飞鸟，躬禽猛兽"，仰天能射天上的飞鸟，俯首能擒林中的猛兽，技巧与力量均无与伦比，完全有资格成为一名杰出的游侠。

第二，具有不同凡响的气概，具体而言就是有游侠精神。自从国家诞生以来，惩恶扬善就是政府与司法机关的职能，普通人既不能随意进行私下救济，也没有这个能力。但是从古至今，凭借武力在法律之外惩恶扬善，始终是令人热血偾张的主题。《韩非子》说："侠以武犯禁。"违反法律与伸张正义之间的张力，正是"侠"的永恒魅力所在；不惜违反法律，也要凭借武力伸张心中的正义，这就是"游侠精神"。但也正因如此，游侠严重地挑战了国家法律的权威，在历朝历代都是法律严厉打击的对象。比如西汉最著名的游侠郭解，就以大逆不道之罪被满门抄斩。曹操的叔叔应该就是害怕祸及家门，所以对曹操的游侠行径十分戒备。

第三，结交死生与共的朋友，以此形成势力。游侠不是独行侠。《史记》大概是中国最早描写游侠内容的，立了两个篇目，一是《游侠列传》，二是《刺客列传》。身负绝世武艺、具有侠客精神，但是独来独往之人，只能入《刺客列传》，不能算游侠。汉字的"侠"是从"夾"取义的。"夾"的字形，是一个大人胳肢窝里夹着两个小人。唐人颜师古注释《汉书》说："侠之言挟也，以权力挟辅人也。"凭借威势和力量，挟持人众、庇护众人，这就是"侠"的字面意思。曹操既然以游侠自诩，当然也没有单干。他参与的游侠集团，带头大哥是曹操少年时代的好朋友，青年时代的战略合作伙伴，中年时代最强劲的对手。他的名字，叫袁绍。

袁绍是东汉名门望族汝南袁氏年轻一代的佼佼者。东汉最高的官职是"三公"，分别是司徒、司空、太尉。寻常人家，能有一人官至三公，便足以自号巨族；而汝南袁氏，四代人里，居然出了五位三公：袁绍的高祖父袁安，官至司徒；安子袁敞，官至司空；敞子袁汤，官至太尉；汤三子袁逢（袁绍生父）官至司徒，四子袁隗官至太尉。用当时人的话说，叫作"四世三公"。

袁绍居住在洛阳，与京城的一群公子哥儿联络十分紧密。《三国志·袁绍传》注引《英雄记》说袁绍"好游侠，与张孟卓、何伯求、吴子卿、许子远、伍德瑜等皆为奔走之友"。所谓"奔走之友"，字面意思是互相帮扶、为对方的困难奔走的朋友。洛阳及其附近喜好游侠的年轻人，以出身名门的袁绍为核心，形成了一个游侠集团。

《世说新语》说："魏武少时，尝与袁绍好为游侠。"曹操年轻时，曾与袁绍一起从事游侠的活动。可以推想，曹操通过袁绍，加入了这个游侠团伙。人生之中，往往会遇到几个段位比自己高得多的人。通过他们，就有机会进入更高维度的世界，这样的人就是"贵人"。史书中的袁绍，主要以曹操劲敌的形象出现。但成为劲敌的前提，是双方势均力敌。此时的曹操，就连充当袁绍敌人的资格都没有，他只能老老实实奉袁绍为自己的命中贵人。

《世说新语·假谲》记录了曹操、袁绍少年时代的两个游侠故事。

有一天傍晚，曹操和袁绍经过一个大户人家。这户人家正在办喜事，新娘已经入了洞房，新郎则在外面招待宾客。两人一合计，一个邪恶的犯罪计划就诞生了。

袁绍首先跑到院子里，扯着嗓子大喊一声："捉贼啊！"满院宾客惊立而起，询问："贼在哪儿？"袁绍信手一指，一大院子的人全都傻乎乎地冲着指点的方向，跑去抓那个"贼"去了，只剩下新娘独守空房。静候一旁的曹操抓住这个空当，一个箭步冲进洞房，一手执刀，一手劫持新娘，往外就跑。袁绍见曹操得手，连忙兵合一处，一起逃跑。

新娘哪里知道这俩人是什么来路，认为是贪图美色之徒，于是大喊救命。

刚才还像没头苍蝇一样到处乱跑的新娘家人，此时听到呼喊，一起循声追踪而来。眼看追兵越来越近，袁绍心中担惊受怕，慌不择路，脚底一滑，摔进了路边的荆棘丛中，动弹不得，只好连声高呼："孟德救我！"

曹操此时一手拉着新娘，一手拿着刀，正在跑路，哪里腾得出手来救袁绍！他灵机一动，指着袁绍，冲着追兵大喊一声："贼在这里！"袁绍受此一惊，居然一跃而出，跳出荆棘丛，二人终于成功脱逃。

这个年轻貌美的新娘，被曹操和袁绍这两个血气方刚的小伙子劫回去后命运如何，《世说新语》并未交代她的结局，而是讲了另一个故事：

袁绍回去以后，越想越生气："诚然，你设法令我跳出了荆棘丛，但是我还是觉得你有捉弄人的嫌疑。你完全可以拉我一把嘛，何必搞得我这么狼狈呢？"袁绍绝非善茬儿，他是这个游侠集团的老大，一怒之下，雇了一名刺客，前来刺杀曹操。

某天夜晚，曹操躺在床上，正要入睡，突然听到窗外"嗖"的一声响，显然是利刃破空之声。曹操非常警觉，睁开眼睛一看，只见一道银光迎面飞来。根本来不及躲避，"当"一声响，一把飞刀稳稳地扎在了身下的床腿之上，嗡嗡直颤。

曹操吓得一身冷汗：这把刀要是再高几寸，我非死即伤！惊吓之下，曹操睡意全无，在漆黑的寒夜，头脑格外清醒：刚才这个刺客偷袭失手，肯定还要来第二次。第一次既然打低了，第二次肯定会往高了打。想到这儿，曹操仰面朝天，紧紧贴在床上，一动不动。

果然，黑暗之中，窗外那名刺客又出手了。"嗖"的一声，一把飞刀擦着曹操的鼻尖飞过，"当"的一声，稳稳地扎在柱子上。曹操逃过一劫。

以上两个故事都出自《世说新语》。那么，《世说新语》是一本什么样的书？书里的记载可靠吗？

《世说新语》是南朝刘义庆整理的一部故事集，记录的大多是汉末魏晋时代的传说。《世说新语》成书的时间，距离东汉末年有两百多年，不算太远。所以，此书记载的故事并非作者胡编乱造，或许是口耳相传的早期传说。这些传说渊源有自，源于历史，高于历史，不排除有一定艺术加工的成分，但也有相当高的史料价值。明白了这些，再来分析这两个故事。

不可否认，这两个故事应该有相当的虚构成分。这两个故事试图讲的道理是：袁、曹二人的优劣，早在少年游侠的时代，就已经高下分明了。这显然是官渡之战曹胜袁败之后，世人根据结果逆推，事后整理、编造出来的。

但是必须看到，这两个故事也有相当的真实性：第一，符合《三国志》对少年曹操"少机警，有权数"的评价，说明曹操的确从小喜欢法家和兵家的权谋法术，并且掌握得非常好；第二，符合《三国志》对少年曹操"任侠放荡，不治行业"的记录，说明曹操从小就在从事一些流行的违法犯罪活动。像上述两个故事中的细节，在《三国志》这样简严的正史里是找不着的。

了解了曹操小时候的情况，再结合他后来辉煌而复杂的人生，我觉得可以提炼两点认识。

第一，分析造就一个历史人物的原因，既要关注"大历史"，也要关注"小历史"。

什么叫大历史？常言道：时势造英雄。东汉末年这样一个时势，才能造就曹操这样一个英雄。换一个时代，也许可以出秦始皇，可以出汉武帝，可以出唐宗、宋祖，但肯定出不了曹操。具体的历史，有其特殊的面相，能够塑造特定时势之下的一代英雄。

什么又叫小历史呢？比如家庭环境。一个小孩儿，不懂什么天下大势、历史趋势；对他而言，家庭就是整个世界。家庭对一个人的成长至关重要。后人撰写曹操的传记，由于曹氏家族的史料缺乏，"莫能审其生出本末"，只好强调东汉时势对他成长的影响。实际上，这种影响是间接的；而家庭对个人早年成长的作用才是直接的。就算史料不足，也必须以想象来补足，这是治史的基本方法。在同样一个时代大背景之下，为什么各人的际遇如此不同？因为有的人出生在没落的皇族，有的人出生在士大夫家庭，有的人四世三公，有的人五代贫农。曹操出生在官宦之家、宦官之家，这是一个独一无二的小历史。

第二，历史的发展，大到文明，小到个人，都往往有"后发优势"的规律起作用。

什么叫"后发优势"？简单来讲，个人也好，国家也好，文明也好，在前一个历史阶段是成功的、富足的、领先的，一旦经历历史的转型期，进入下一个历史阶段，往往就会落后、挨打；在上一个历史阶段中贫困的、落后的、混不下去没有活路的文明，在下一个历史阶段中，往往就成了领先的。《周易·系辞》曰："穷则变，变则通，通则久。"其实这句话还可以继续说下去："久则穷，穷则变……"这就是历史的"后发优势"。掌握了这个规律，那么那些暂时领先的，要居安思危；那些暂时被生活欺骗了的，要积蓄力量，随时把握时机，准备"弯道超车"。

具体到曹操来看。少年曹操并不是一个无所不能、完美无缺的大英雄、大人物，而不过是一个偷鸡摸狗、调皮捣蛋的有血有肉的小人物。在当时，谁能想到他会成功呢？但是读史之人常常可以发现，一旦乱世来临，平时那些高高在上、不可一世的权势人物往往不能够适应时代的。恰恰是曹操这种特点鲜明的小人物，可以抓住时代赐予的机遇，迅速调整、适应时代的剧变，从而成就自我。

当然，这是后话。

一天又一天，一年又一年，迷迷糊糊的童年就这么过去了。曹操长到十五岁，迎来了新的生活。《四民月令》记载，东汉时期"命成童以上，入太学"。所谓成童，就是十五至二十岁，他们可以进入高等学府——太学，继续学习。曹操有没有进过太学？《世说新语》注引《续汉书》记载，曹操曾经"为诸生"。诸生，就是太学生。由此判断，曹操应该是上过太学的。

曹操十五岁这一年小学毕业，离开家乡，来到首都洛阳，成为一名太学生。所谓太学生，相当于今天的大学生；但比起今天遍地都是的大学生，太学生显然是天之骄子、国之栋梁。走出沛国谯县、走进洛阳太学的曹操，必定意气风发。他可能想象过，一个集中了全国精英、更为广阔的舞台，正等待自己大展拳脚。

但是，等待曹操的，并不是平静的象牙塔生活。首都洛阳，刚刚发生了一起流血政变，酿成了东汉历史上最大的政治冤案，并且还在不断地牵连无辜。这就是历史上赫赫有名的"党锢之祸"。

当时没有人会料想到，这起政治冤案将彻底扭转东汉王朝的国势，使之堕入深不见底的深渊。初来乍到的太学生曹操，第一次直面不公平的社会现实。他站在命运的岔路口，面临着埋头读书、跻身体制与自我决裂、振臂高呼的两难抉择。

第二章

党锢之祸

名人面前，你不过是个人名

公元29年，东汉王朝刚刚建立不久，百废待兴。开国君主刘秀本着"再穷不能穷教育"的精神，勒紧裤腰带，大力压缩行政预算，裁减官僚机构，斥巨资在首都洛阳皇宫外八里处兴建了规模可观的太学。最初，太学生只有几千人；到了曹操生活的时代，太学已经集中了当时东汉王朝第一流的师资力量，经过几轮急剧的扩招，鼎盛时期在校太学生达三万多人，光教室、宿舍之类的建筑物，就有两百四十栋，接近两千个房间。（《后汉书·儒林传》）

这就是当时规模最大、规格最高、师资力量最雄厚、办学条件最优越的高等学府，所有学子心目中的圣地——伟大的东汉洛阳太学。在这样一所学府里面读书的太学生，个个都是人中龙凤，人人的眼睛都往上看。这里根本没有人知道曹操是谁，更不会有人瞧得起这个宦官之家出来的毛头小子。

更加残酷的是，太学毕业并不包分配，任你自生自灭，强者生存，弱者淘汰。举个例子，东汉有个太学生叫孔嵩，在太学期间埋头读书，不参加社交活动；此人还是个贫困生，毕业以后，家里没钱给他拉关系、走后门，所以只能到新野县做了一名"街卒"，负责扫大街，维持市容市貌。（见《后汉书·独行列传》）

　　这样的前途显然不是曹操想要的。那么，怎样才能在三万多名出类拔萃的太学生之中脱颖而出呢？

　　中国古人讲究"名""实"关系。一个人的能力、资源，这是"实"；他所获得的社会评价、荣誉称号，这是"名"。"实"的提升，是一个缓慢的过程；但短时间内暴得大"名"，并非幻想。尤其在东汉时代，后者就是脱颖而出的最好办法。

　　要理解这一点，必须明白一个制度背景。东汉时代还没有标准化的公务员考试制度，例如隋唐以降的科举考试。当时的选官用人，主要靠推荐保送。地方政府看中你，觉得你具有相当的才华与能力，把你往上推荐，从县到郡，层层推荐到中央，最后中央给你派任职务。这就是当时的推荐制度，历史上称为"察举制"。察，就是观察、发现人才；举，就是推荐人才。

　　在察举制的大环境之下，一个人的品德、能力如何，缺乏量化的、可操作的客观标准。地方政府选拔人才，主要看口碑。这个所谓口碑，既不通过投票选举，也不进行民意调查，而是靠几位舆论领袖评论出来的。

　　譬如汝南郡有两位舆论领袖，叫作许靖、许劭，是一对堂兄弟。弟弟许劭，名声尤在其兄之上，他的品评，影响力早已突破汝南，扩及全国。许氏兄弟每个月初（月旦），都会召开一次人才评论大会，给乡里的人物进行排名。就连袁绍这种四世三公的公卿子弟，都十分忌惮许劭的影响力。青年袁绍从濮阳县令的任上退下来时，广率车众宾客，一路豪华铺张；临近汝南，却突然遣散宾客，撤去车马，只坐了一辆简朴的小车，低调入境。有人询问："何以低调如此？"袁绍尴尬地笑道："我怕许劭那张嘴。"

舆论领袖不仅对每个地方的人才品头论足，而且逐渐排出了一张全国人才排名榜。名列榜首的叫作"三君"，分别是当时的外戚领袖窦武、士人领袖刘淑和陈蕃。次一等的叫作"八俊"，以士人领袖李膺为首。再次的，还有八顾、八及、八厨等名目。这些榜上有名的人物，自然也成了知名的舆论领袖，在士人和青年学子之中，有着无与伦比的号召力。如果能够得到这些人的好评，原本不入流的人，可以跻身排行榜；原本在榜上的，可以迅速蹿升排名。用一个现代营销的术语，这叫"打榜"。

曹操想要在太学生中脱颖而出，就需要找人帮忙打榜。但曹操自己也知道，他就算踮着脚，也够不着这几位榜单上的人物。他在太学期间，掂量着自己的分量，找了一位自认为还算对口的次等名士。

《世说新语》注引《楚国先贤传》记载："魏武弱冠，屡造其门，值宾客猥积，不能得言。乃伺承起，往要之，捉手请交，承拒而不纳。"

这段话是说，当时有一位社会名流，名叫宗承。此人虽然不够格进入全国人才排行榜，但也具有地方性的影响力。曹操自认为，自己是个名不见经传的小人物，但好歹也算个太学生；宗承是个二三流的社会名流，与自己也算匹配。如果能够得到他的好评，名声多少能够涨一点儿，也许就能够着更高级别的舆论领袖了。

曹操想得挺美，可当他兴致勃勃来到了宗承家门口，一下子就傻眼了。

原来，和他抱着一样的想法来到宗府的人，不计其数。宗承尽管只是个二三流的名流，但仍然门庭若市，每日宾客盈门。不要说找宗承套近乎了，就算搭句话、要个签名都很困难。宗承就在人群簇拥之中，在客厅高座之上，与各路人士谈笑风生。曹操没有办法，找了一个角落蹲下，远远望着宗承，默默等候时机。他心想：我就不信逮不到一个空当，和你套上一句话。只要耐心够足、脸皮够厚，一定有机会。

功夫不负有心人。曹操等了老半天，终于等到宗承结束了一个话题，站起身往外走，看样子是去如厕。曹操一看，天赐良机，岂容错过？赶紧三步并作两步，一路屁颠屁颠跟了上去，绕到大堂背后，紧紧跟着宗承。

眼见宗承如厕结束，正在洗手，曹操腆着脸凑上前去。宗承见这个陌生人跟踪自己，十分警惕与反感，擦着手，皱了皱眉。

曹操没有察觉宗承的反感。他只是想到，终于有机会和自己的偶像近距离接触，心中无比激动，立刻流畅地背诵出那段在心中默念了无数次的开场白："我是曹操，字孟德，我是沛国谯县人，我爷爷是曹腾，我爹是曹嵩。我非常仰慕您，想和您交个朋友。"边说着，边伸出手去，想要和宗承握手。这在汉代，叫"捉手礼"。

宗承看都没看他一眼，擦干手，走了。剩下曹操，伸着一只手，保持着打算握手的姿势，非常尴尬。

这里不妨提前交代一下宗承后来的结局。曹操成功之后，专门把老态龙钟的宗承找到，得意地问他："现在，可以与我交往了吗？"曹操的心态是：昨天的我，你爱答不理；今天的我，你高攀不起。没料到，宗承还真是个硬骨头。他梗着脖子，黑着脸，说："松柏之志犹存。"你还是当年那副模样，我还是当年那个态度。曹操又碰了一鼻子灰，拂袖而去。宗承两次令曹操下不了台，他是曹操生命中一个无法征服的人物。权力无法征服的傲骨，就是中国历史的脊梁。这是后话，且继续来看年轻时的曹操。

象牙塔外，是流血的仕途

投机不成，反遭受了一次羞辱，少年时就号称足智多谋的曹操，这次无疑是大大地失算了一把。那么，宗承为何会如此看不起曹操呢？原来，这并不是因为曹操生性顽劣、名声太差，也不是因为宗承自命清高、目中无人；曹操遭到冷遇，真正的根源其实在他爷爷曹腾身上，还和之前发生的一起著名政治事件有着密不可分的关联。

宗承，是儒家名士；曹操，是宦官的孙子。在东汉末年，名士和宦官分属两个互相敌对的政治派别，形同水火，势不两立。照理来讲，名士和宦官，一个论政于朝廷，清谈于民间，一个内侍于宫掖，步不出禁中。二者本该井水不犯河水，为何却会结下不共戴天之仇？

要想搞清楚这件事情的来龙去脉，还得回到曹操十一岁的时候，翻开一份曾经震动朝野的惊天大案的卷宗。

公元165年，李膺被任命为司隶校尉。东汉将天下分为若干行政区，其中之一叫"司隶校尉部"，包括首都及其附近地区。司隶校尉，就是这个区的最高长官。司隶校尉的权力非常大，不仅负责首都地区的治安，还对朝廷百官有监督之责。

李膺刚刚上任，就接到一份举报信，信中说：野王县县令张朔贪赃枉法、鱼肉乡里，甚至在光天化日之下残杀了一位孕妇，令人发指。野王县是司隶校尉辖区内的一个县，离洛阳很近，可以说是天子脚下的首善之区。张朔区区一个野王县县令，为何胆敢在天子脚下如此嚣张跋扈？

因为他的背后，有人撑腰。张朔的哥哥，正是东汉末年第一大宦官，张让。

后宫的宦官，也有自己的晋升阶梯。阶梯顶端，叫作"中常侍"。能够做到这个职位的宦官，千里挑一。曹操的爷爷曹腾，就曾担任中常侍。但同样是中常侍，权力还有大小之分，威势还有高下之别。东汉末年最有权势的宦官，一共有十二名。《后汉书·宦者列传》将之统称为"十常侍"。张让就是这"十常侍"之首，可谓是宦官中的佼佼者。后来的汉灵帝曾公开宣称："张常侍是我父亲，赵常侍（赵忠）是我母亲。"张让的威势，由此可见一斑。所以张朔虽然只是一个小小的县令，却能在天子脚下横行无忌，甚至公然杀人，而多年来无人过问；李膺之前的历任司隶校尉，也都只敢睁一只眼，闭一只眼。

但李膺和他的前任们不同。得知此事，李膺拍案震怒，下令缉捕张朔归案。张朔这边也已经得到了风声，知道李膺不好惹，是一块硬骨头，索性弃官逃跑。但他没有往境外跑，反而往首都跑，跑到哥哥张让的府上求助。

张让虽然势焰熏天，但也不敢与李膺正面冲突。他深知李膺名列"八俊"之首，是天下人才排行榜名列第四的人物。以张让的权力与手腕，迫害李膺并非难事，但他也害怕引起公愤。权衡之下，便让弟弟躲藏在自己的深宅之中。

没想到张朔前脚进门，后脚就有家丁来报："司隶校尉李膺已率领兵卒上门搜查，小的们难以抵挡，眼看就要闯入！"张朔吓得六神无主，哭倒在张让脚下，求哥哥救命。张让也感到惊慌，但他很快镇定下来，命家人带领张朔，到一个绝密之处躲藏起来。

张朔刚走，李膺就率兵闯入，四处搜索，却不见张朔人影。李膺正纳闷，忽然发现家中有一根柱子，格外粗大；弹指一叩，是空心的；再看张让，已面无人色。李膺冷笑一声，下令劈开大柱。张朔早已在柱内吓得屎尿失禁，瘫软在地。李膺命手下将张朔从柱中揪了出来，一路拖回衙门，判处死刑，立即执行。很快，张朔那颗臃肿肥硕的人头，就悬挂在了衙门外的旗杆之上。

张让见弟弟被杀，立刻跑进宫中，向汉桓帝告状，哭声动天，样子十分可怜。汉桓帝，按说也是中国历史上出了名的昏君，但是一来顾忌李膺所代表的士林清议，二来也实在不好意思昧着良心包庇张让兄弟。此事实在是因为张朔太不像话，光天化日杀害孕妇，一尸两命，社会影响极其恶劣，本来就该当死罪。汉桓帝呵斥道："你们这帮狗奴才，以后就算做坏事也别搞得这么明目张胆，朕想包庇你们都做不到！"痛骂一顿，让张让滚了。

回头再说李膺。

东汉一朝，宦官本与外戚轮流专政，到了末年，宦官更是后来居上、一手遮天。当时的天下，遍布着宦官的爪牙，横行乡里，为非作歹。天下之人，敢怒而不敢言。李膺刚刚上任，就不负众望，雷厉风行地处死了恶贯满盈的张朔，有力地打击了宦官集团的嚣张气焰，真可谓大快人心！

李膺本人，就此一举成名。当时天底下到处都是他的粉丝，还有统一的口号："天下模楷李元礼。"（《后汉书·党锢列传》）李膺字元礼，所以叫他李元礼。李膺成为天下人争相学习的楷模，能够和李膺说上一句话都足够炫耀一辈子。得到李膺的好评，时人拟之为"登龙门"。中国古代传说，黄河中的鲤鱼如果能够跃过龙门，就能化龙升天；李膺的好评，能点铁成金，令人身价百倍，正如同鲤鱼化龙一般。

人们以为李膺的这次胜利是一个开始，没想到却是一个结束。这番令人鼓舞踊跃的情形，仅仅维持了不到一年。公元166年，又发生了一起案件：张成之子杀人事件。这起事件给李膺为首的士大夫们带来了灾难性的后果。

宦官有个党羽，名叫张成，是一名方士，也就是算卦、炼丹、求仙之辈。这一年，张成从大内之中得到了一个绝密的情报：朝廷即将颁布"大赦令"。所谓"大赦"，一旦发布，所有罪行，一笔勾销。

张成得知此事，大喜过望。他不敢透露消息的来源，只能假称是自己预测所知。张成找来儿子，对他说："我夜观天象，掐指算来，朝廷近来要颁布大赦令。你平时与谁有宿怨，尽管报仇。大赦令一下，包你无罪。"

张成的儿子非常高兴，出门就杀死了一个仇人，被李膺逮捕。张成的儿子气焰嚣张，在牢里放话："等着瞧吧，你早晚得放老子出去。"李膺感到奇怪，此人为何如此嚣张。

没过多久，朝廷果然颁布大赦令。不仅张成之子得意扬扬，张成本人也放出话来："违反大赦令处刑，乃是大逆不道、违抗诏书。我劝你乖乖把我儿子放出来吧！"这话传进李膺耳中，他勃然大怒，毅然违背朝廷大赦令，强硬执法，将张成的儿子处死。

弄巧成拙，儿子惨死，张成痛哭流涕，向他的宦官靠山求援。宦官一看，这确实是个好由头：李膺违抗大赦令杀人，这是不折不扣的犯罪行为。宦官们不满足于打倒李膺一人，他们还想借此机会摧折士林，打倒整个士大夫群体，于是向皇帝告发：第一，李膺目无王法，连朝廷的大赦令都敢公然违背，顶着诏书杀人；第二，李膺为什么敢如此嚣张？当然是因为他背后有一群人。李膺等人结党营私、党同伐异，勾结起来违抗君命，这对皇帝的专制大大不利。

后面这番话，戳中了皇帝的心病。

在中国古代政治文化中，"党"绝非一个好字眼儿。《论语》有云："君子群而不党。"君子是合群的，但不会结成固定的集团。《荀子》也说："朋党比周，以环主图私为务，是篡臣者也。"结成固定的利益集团，互相援为声气，环绕君主，图谋私利，这种臣子早晚要谋朝篡位。所以，中国古代皇帝最忌讳朋党，必欲除之而后快。

汉桓帝闻言，立即下诏：将李膺等两百多名"党人"逮捕入狱。

李膺入狱以后，各方人士奔走呼号，积极展开营救工作，给皇帝上书请愿；太学生也不念书了，跑出来游行示威，搞太学生运动。中国历代每当朝政不清明之时，都会爆发太学生运动，抗争暮气沉沉的政客，彰显出青年人对国家和民族的担当。而太学生运动的发源，就在汉朝。

李膺在监狱之中，也想了一条妙计。不待严刑拷打，他就坦然承认了自己的罪名："我们的确结党营私，党羽遍布天下，甚至侵入了皇帝的身边。"审讯人员大喜过望："哦？快说，你们有哪些党羽？"李膺一本正经地说："某某宦官的侄子，是我们犯罪团伙的骨干分子；某某宦官的外甥，是我们打入朝廷内部的奸细……"

审讯人员最后拿着一份"党羽"的名单，无奈地交给宦官。宦官们一看大事不妙：你再这么招供下去，我们可就得全体进监狱陪你了。此外，也迫于外界抗争声势逼人，宦官们生了妥协之心，劝谏皇帝："李膺他们其实也没什么大罪，放了算了。"

汉桓帝哪有主见？他说："当初是你要抓他，抓他就抓他。现在你们又要把他们给放了。反正你们自己惹出来的事，自己收场吧。"

最后，"党人"们死罪可免、活罪难饶，都被罢免职务，禁锢终身，上了朝廷的黑名单，一辈子不允许再出来从政，其子孙也严禁为官。这次事件，史称"第一次党锢之祸"。锢，就是禁锢终身。第一次党锢之祸，以儒家士大夫的全面失败而告终。

第一次党锢之祸刚刚结束，就传来了一个好消息和一个坏消息。

好消息是：一代昏君汉桓帝终于驾崩了！

坏消息是：一代昏君汉灵帝，继位了。

诸葛亮后来写《出师表》，说："未尝不叹息痛恨于桓、灵也。"他与刘备每当谈论汉代历史，总是叹息、痛恨汉桓帝和汉灵帝这对昏君。在中国历史上，"桀纣"是暴君的代名词，"桓灵"则是昏君的代名词。

汉灵帝和汉桓帝相比，谁更昏呢？汉灵帝本人也有这个疑问。曾经有一次，他问一个官员："你看我比起先帝汉桓帝如何啊？"被问的这个官员很为难：说老实话，你们俩一对活宝，都是昏君，我很难比出来你们谁更昏一点儿。但是不能说实话，说实话要掉脑袋。这个官员于是很巧妙地说："皇上您和先帝相比，就像舜和尧相比一样。"什么意思呢？尧舜，那是中国历史上名垂千古的明君，他们俩是一个层次的；您和汉桓帝，将来也是中国历史上遗臭万年的昏君，你们俩也是一个层次的。

不过汉灵帝刚即位的时候，年纪还小，没有能力独立作孽。照着东汉幼主登基、母后临朝的规矩，朝政掌握在汉桓帝的皇后窦太后手中。窦太后也照例封她的父亲窦武为大将军，又任命士林领袖陈蕃为太尉，协助她一起处理朝政。窦武和陈蕃，分别是天下人才排名榜上第一、第三的人物。其实窦武这个第一，是吹捧出来的，是士大夫们争取外戚支持的一种策略；而陈蕃这个第三，却是名副其实的。

陈蕃有一个故事，家喻户晓。他十五岁时，闭门读书，因为心无旁骛，自己的住处也无暇打扫。有个客人登门拜访，一看这屋里面太脏了，指责他："你怎么搞得这么脏乱差呀？怎么也不打扫一下？你这是待客之道吗？"

陈蕃回答："大丈夫处世，当扫除天下，安事一室乎？"我陈蕃，乃是堂堂大丈夫，从来不搞什么大扫除；我要搞大扫除，就要扫除整个天下，我要把天底下所有肮脏的、污秽的、丑恶的东西统统扫除干净，还人间一片清平世界、朗朗乾坤。从这件事情可以看出，陈蕃此人虽然在生活中不拘小节，但是他有道德上的洁癖，不可能容忍宦官就这么胡作非为下去。

陈蕃上任之初，尽管已是七十多岁的老翁，但他拿起少年时代扫除天下的气魄，打算大干一番，彻底终结为害东汉百年之久的宦官之祸。他的策略是联合外戚领袖、大将军窦武，动用军力，一举铲除宦官。外戚、宦官，本来都是士大夫的对立面，但迫于汉末宦官独大的局面，剩下的两方也不得不联起手来。

但是陈蕃毕竟是一介书生，窦武也只是一个养尊处优的外戚，两个人都没有实际领导政治斗争的经验和能力，不能够当机立断。而当时的宫殿内外，到处都是宦官的眼线，所以消息很快就走漏了。要玩阴的、玩狠的，宦官可比陈蕃、窦武厉害多了。他们先下手为强，利用手头有限的兵力，围困逼杀了窦武。

陈蕃听说窦武已死，心知大势已去，决心以死明志。他率领属下和学生八十余人，挺剑杀入宫门，振臂高呼："大将军忠心为国，何故杀之？"须发皤然，正气凛然。宦官迫于陈蕃的气势，不敢杀戮，乃命兵卒将之围困数层。陈蕃力斗被俘，死于狱中。

宦官干掉了窦武、陈蕃，还要秋后算账，拿出上一次党锢之祸的黑名单，把李膺等人重新抓捕入狱，严刑拷打。最后，李膺惨死在洛阳城的监狱之中。宦官们还不肯善罢甘休，继续扩大打击面。前前后后被判处死刑、发配边疆、终身禁锢的士人，共有六七百人之多。这次事件，史称"第二次党锢之祸"。第二次党锢之祸，又以儒家士大夫的惨烈失败而告终。

东汉一朝三大势力，分别是依附皇权而生的寄生虫——宦官、外戚，以及秉承孔孟之道的精神，凭借察举制度形成独立集团的儒家士大夫群体。两次党锢之祸暴露出儒家士大夫的一个根本缺点：只讲道德，不讲策略。两次党锢之祸，也标志着作为汉朝正统思想的儒家思想彻底破产。儒家思想只能空口标榜正义，却无实现正义的能力，反而被小人利用，成为禁锢君子的武器。以"党"为罪，正是《论语》《荀子》提供给宦官的武器。由此可见，从董仲舒以来唯我独尊的儒家思想，在政治黑暗、奸佞当道的东汉末年，已经落伍、过时了，不能适应时代的需求了。如何改造旧的儒家思想，引导新的思想潮流，成为当时的一个新课题。

窦武、陈蕃死的时候，曹操十四岁；李膺死的时候，曹操十五岁，刚刚进入太学。党锢之祸发生以后，太学之中早已风起云涌。太学生们"恰同学少年，风华正茂；书生意气，挥斥方遒"，太学的舆论也是一边倒，纷纷支持党人，反对宦官。现在来了一个曹操，竟然是宦官的孙子。可想而知，曹操刚来到太学的时候，同学们都孤立他、鄙视他、唾弃他，没有人愿意和他交往。而宗承作为儒家的名士，不愿意和曹操握手，就是在这样的背景下发生的。

宦官和士大夫的势不两立，给曹操的仕途投下了浓重的阴影。出身宦官家庭的他，要想在士大夫眼里有个好名声，进而让社会名流举荐自己入朝为官，简直比登天还难；而此时，作为士大夫的死对头，宦官们却正把持朝政，作威作福。假如曹操投身宦官门下，凭借爷爷曹腾的名分，似乎更容易出人头地、飞黄腾达。在这个关键时候，曹操将会如何抉择？在敌意横生的太学之中，青年曹操又通过什么样的特殊手段才能让自己突出重围、一鸣惊人呢？

直达天听，给天子写信

曹操在太学里遭遇了同学们的冷暴力，谁都不愿意和一个宦官的孙子来往。现在不要说提高知名度了，就连改善形象，做一个普通的太学生都难。怎么办？在曹操面前，有两条路可走。

第一条路，和太学生唱对台戏。我就是宦官的孙子，我怕谁？你们不接纳我，我就跟你们死硬到底。反正现在宦官的势力非常大，我本来就是宦官的孙子，放下心理负担、不顾舆论压力，全身心投靠到宦官的阵营中去，做他们的爪牙。这样选择，虽然名声不好听，但是正所谓识时务者为俊杰，高官厚禄根本不在话下。

第二条路，和太学生同台唱戏。我虽然是宦官的孙子，但是我深明大义，我大义灭亲。你们游行示威，我跟着一块儿去，必要的时候还可以出来现身说法，拿自己做一个反面教材，我作为宦官的孙子，受了多少委屈，见证了多少宦官的罪恶，现在我决定痛改前非、洗心革面。这样做，虽然有热脸贴冷屁股的可能，但也可能争取到社会舆论的同情，从而改善自身形象，重新做人。

曹操会选择哪一条路呢？曹操哪条路都不选。

首先，曹操没有选择与宦官同流合污。汉王朝独尊儒术，已有三百年之久。儒学所缔造的一套名分礼教、大义微言，早已深入人们的骨髓之中；即便曹操这样出身卑微、离经叛道之人，也不例外。宦官虽然势焰熏天，但一来他们的势焰只是一时的冰山，一旦日出天明，必将融化为一摊污水，从长远来看，不宜与之同流合污；二来宦官名声太臭，世人争以"浊流"目之，与这种人搞在一起，将来必成人生污点，洗都洗不干净。

其次，曹操也没有选择扎堆凑热闹，和太学生一起去搞什么游行示威。两次党锢之祸，儒家士大夫的全面失败，让曹操彻底认清了儒家思想的弊端。儒家标榜的是君子，君子坦荡荡；而宦官是小人，小人做事情可以不择手段。君子要和小人斗，肯定要吃亏。两次党锢之祸，几千个君子斗不过几十个小人，血淋淋的教训摆在眼前；现在太学生居然不吸取教训，还要以自己的血肉之躯，去直面宦官们的明枪暗箭，那就注定了只能以悲剧收场。以曹操的智谋，绝不屑于做这样的蠢事。

曹操从小熟读的是法家、兵家的著作，崇尚实用主义。哪种手段最有效，就采用哪种手段。现在既然太学生不带我一起玩，那正好，你们走你们的阳关道，我过我的独木桥。我偏要来个一鸣惊人！

太学生采用的斗争手段，主要是游行示威，在宫殿门口贴贴告示（《后汉书·宦者列传》）。在曹操看来，这种手段的效果非常差。无论是游行示威还是贴告示，虽然可以抓住老百姓的眼球，吸引社会舆论的关注，但是有一个关键的人物看不到；而如果这个人看不到，那么一切努力都是白搭。

这个关键人物是谁？大汉天子，当今皇帝，汉灵帝。

所以，与其在外围兜圈子，不如跳过一切中间环节，直达天听，上书汉灵帝。曹操以一名太学生的身份，给汉灵帝写了一封信。一来为党锢之祸平反，为陈蕃、窦武喊冤；二来将矛头直指宦官，指出宦官才是两次党锢之祸的罪魁祸首。当时朝廷已经给党锢之祸定了性，要想给这样一起政治冤案平反，需要冒极大的风险。从这里可以看出，青年曹操具有非凡的勇气和强烈的正义感，是一个对时代肯负责、有担当的非常之人。

那么，这份上书效果如何呢？史书给了五个字："灵帝不能用。"汉灵帝不愧是一代昏君，果然没有采纳。

曹操一看A计划失败了，立刻启动B计划。合法的途径走不通，那就只好采用非法手段。曹操少年时代武艺高强。所以这个时候，曹操决定利用自己的一身武艺，策划一次"斩首行动"，刺杀当时最有权势的一个宦官头子。

讲到这里，先停一停，我来为曹操做一个小结。

曹操此时才十七八岁，他做的这些事情、采取的手段，和后来的曹操相比，还显得非常稚嫩。但是俗话说得好，三岁看到老，此时的曹操已经隐约表现出了几个被他贯彻一生的优点。而这些优点，可以说是他最后成功的秘诀。

第一个优点：善于总结历史教训。

《汉书·刑法志》记载了这样两句话，可能出自古兵书。第一句话是"善战者不败"。擅长打仗、擅长斗争的人，不会失败。这当然是很难达到的一个境界。百战百胜，即便古之名将，包括曹操本人在内，也难以做到这一点。作为普通人，更容易失败。那怎么办呢？

这就要看第二句话："善败者不亡。"善于处理失败的人，不会灭亡。只要不灭亡，就总有翻盘的机会。所以历史上最可怕的对手，绝不是百战百胜的人。百战百胜之人，如剃刀般锋利；但剃刀锋利的刃口，极其容易崩缺。百战百胜之人，只要一次失败，就足以羞愤自杀。真正可怕的对手，是如蟑螂般顽强，如铁锤般坚固，反复击败却难以消灭的人。曹操正是这样的人。吕布、陈宫的兖州反水打不死他，张绣、贾诩的宛城惊变打不死他，袁绍的雄兵压境打不死他，周郎、诸葛的赤壁烈火打不死他，关羽的水淹七军、威震华夏还是打不死他。曹操最忌惮的对手刘备也是这样的人物，《三国志》称之为"折而不挠"，被曹操追着打了一辈子，最终仍能立国西南，功成鼎立。

如何做才叫善于处理失败呢？从失败中吸取教训，不光是吸取自己的失败教训。古语有云："吃一堑，长一智。"这是没错的。自己亲身经历的失败教训，一定是最刻骨铭心的。但问题在于，曹操吃了赤壁之败的堑，就永远错过了统一天下的机会；关羽吃了大意失荆州的堑，就踏上了走向死亡的不归之路；拿破仑吃了滑铁卢之败的堑，余生只能困于孤岛，无论长出多少智，都没有用武之地了。

所以，善败者关键要吸取别人的教训，尤其是历史的教训。

两次党锢之祸，给太学生带来的是义愤填膺。他们被愤怒蒙蔽了双眼，只想朝着宦官喷射仇恨之火，攘臂高呼："宦官们太可恶了！兄弟们，跟他们拼了！"同样是两次党锢之祸，给曹操带来的却是难得的教训，活生生的失败案例。失败，不一定是成功之母。反思历史，吸取教训，避免走传统儒家士大夫的老路，避免低水平重复失败，这才是成功之母。

第二个优点：独辟蹊径，不走寻常路。

鲁迅说过一句话："地上本没有路，走的人多了，也便成了路。"我改一句："地上本来有路，走的人多了，也便没了路。"这不是恶搞，这两句话是相辅相成的。

大家都在走的路，曹操不走。因为曹操看到：众人熙熙攘攘的那条路，看似是条康庄大道，实则"此路不通"。所以曹操要另辟蹊径，在没有路的地方走出路来。你们都游行示威，那我就直接给皇帝写信；写信没用，赶紧换个思路，刺杀宦官。如果还不成，再想办法，总之不能在一棵树上吊死，尤其不能和那么多人一起在一棵树上吊死，死都死得毫无特点。

拥有以上两个优点的曹操，怀揣利刃，在一个月黑风高之夜，孤身一人悄然潜入洛阳的一座深宅大院。斩首行动，就此启动。

第三章

站队入仕

失败，也可以是一种成功

斩首行动瞄准的目标，是连司隶校尉李膺都动不了的汉末头号大宦官张让。

张让炙手可热，又是天下士林人人得而诛之的权宦。他深居内宫，日常出入都采取了最高的安保等级。要想刺杀他，谈何容易？

但是曹操不怕。

曹操一来年少轻狂，初生牛犊不怕虎；二来仗着自己实力高强，艺高人胆大。《三国志》注引晋朝人孙盛的《异同杂语》记载：曹操这次暗杀活动，使用的武器是手戟。这是一种近身格斗的武器，前面有个刺尖，旁边有个突出来的刃，既可以用刺尖刺人，也可以用刃斫人，杀伤力很强，而且属于短兵器，单手可以抓握，小巧轻便，方便携带。

曹操打探到，张让最近将会出宫一趟，在宫外的张府居住一段时间。他在一个月黑风高的夜晚，偷偷携带着手戟，神不知鬼不觉地跃上张宅的围墙，穿过屋脊，潜伏于张让的卧室门前，寻找机会下手。

张让并不会武功。但他与一切德不配位的大权在握者一样，特别怕死，而且有过多次被刺杀的经历，十分警觉。这天晚上，他突然感觉不对，从睡梦中惊醒过来。虽然没有任何动静和异常的迹象，但张让仍感到心中一阵惊悸。宁可惊扰保镖、虚惊一场，也不能白送性命。张让用尖尖的嗓子，放声叫道："有刺客！"

张让一喊，家中的护院、保镖蜂拥而出，乱哄哄地捉拿刺客。曹操一看情况不妙，此次斩首行动必然失败。没关系，三十六计走为上计，保命要紧。想到此处，曹操挥舞手戟，杀开一条血路，来到庭院之中，施展轻功，一纵身翻越围墙，飘然而去，安全逃离。[1]唐朝诗人李白《侠客行》有云："十步杀一人，千里不留行。"曹操这一次刺杀张让，虽然没能"十步杀一人"，令张让血溅当场，但是做到了"千里不留行"，毫发未伤，全身而退。这也正是他武艺高强的一个体现。

到此为止，似乎可以说：上书皇帝和刺杀张让，这两次行动全都失败了。上书皇帝，灵帝不能用，失败；刺杀张让呢，张府一日游，虽然活着回来了，但是刺杀目标张让也安然无恙，失败。

但战术的失败，未必不是战略的成功。换一个角度，这两次行动都达到了曹操既定的目标，都成功了。在曹操看来，这两次行动结果如何并不重要。无论是为党锢之祸平反，还是刺杀张让，这两件事情本身并非目的，只是手段而已。曹操真正的目的在于：

第一，自我炒作，吸引社会舆论的关注，得到士林的认可。

第二，表明立场，我曹操虽然是宦官的孙子，但我是一个有正义感的人，绝对不会和宦官同流合污；恰恰相反，我还要杀死宦官头子，与宦官集团划清界限，彻底决裂。

---

1 《三国志·武帝纪》注引孙盛《异同杂语》：太祖尝私入中常侍张让室，让觉之。乃舞手戟于庭，逾垣而出。才武绝人，莫之能害。

事实表明，曹操的目的都达到了。他成功了。

通缉犯和绑架终结者

曹操自己给自己打的这两个广告，果然收到了非常好的效果，得到了社会舆论的一致好评。很多以前对曹操不屑的明星，现在主动跑过来给他做代言了。

第一个明星，是名士何颙。何颙是党锢之祸中的一个党人，是宦官黑名单上的通缉要犯，也是太学生心中的偶像。此外，他还是袁绍那个游侠组织的核心成员。何颙对曹操的评价是："汉家将亡，安天下者必此人也。"（《后汉书·何颙传》）大汉王朝要灭亡了，我们这些党人曾经做过努力，试图去挽救它，结果归于失败，大汉王朝还是不可挽回地走向灭亡。那么将来谁能够安定天下呢？你曹操就是不二人选。从后面事态的发展来看，这是一个非常准确的预言。

第二个明星来头就更大了，太尉桥玄。关于桥玄，有一件逸事。

桥玄堪称是东汉时期的绑架犯罪终结者。他的小儿子，十岁时被三个绑匪绑架了，要桥玄拿钱赎人。因为桥玄是高官，这件事情闹得很大，司隶校尉、河南尹、洛阳令带人把犯罪分子团团包围。可是对方手上有人质——桥家的小公子，吏卒都不敢轻举妄动，只好远远地喊话："你们已经被包围了，请放下武器，立刻投降！"

桥玄毅然道："怎么能因为是我儿子就放纵犯罪呢？"他催促解救人员立刻进攻绑匪："不要管我儿子的生死安危，先打死绑匪再说。"一场混战下来，结果可想而知：三个绑匪都被绳之以法，而桥玄的儿子也被当场撕票。桥玄强忍丧子之痛，上书天子，请求修改法律：

第一，今后再有犯绑架罪的，一律不允许拿钱赎人；第二，今后再有犯绑架罪的，一律不允许考虑人质的安全，以惩治犯罪、消灭罪犯为第一要务。据说这条法律通过以后，再也没有谁敢冒着生命危险从事这一无利可图的高风险犯罪了。绑架，这样一种令执法者无比头痛的犯罪形式，也就在东汉王朝彻底地销声匿迹了。

从这件事情可以看出，桥玄此人手段狠辣、行事坚毅果敢，思想倾向具有浓厚的法家色彩。二人结识之时，此公已经六十多岁了，曹操才十几岁。但是桥玄对同样具有法家色彩的曹操非常欣赏，两个人一见如故，结成忘年之交。

桥玄预见到天下即将大乱，而曹操肯定是平定天下的那个人，就把儿女后事托付给曹操，并说："将来我年老死了以后，麻烦你代为照顾我的小孩。"

这句话不一定是认真的遗嘱，可能是表示器重的客套话，曹操后来是否真的承担了桥氏儿女的抚养之责也未可知。不过，《三国演义》根据这句话，演绎出了这么一段剧情：

乔玄有两个女儿——大乔、小乔，这两个人都是倾国倾城的大美女。汉末战乱，大乔、小乔流落江东，后来分别许配给了孙策和周瑜。曹操发动赤壁之战，就是为了完成乔玄的遗愿：我要亲手帮你照顾这两个女儿，我要"铜雀春深锁二乔"，绝对不能让她们两个被孙策和周瑜糟践！这当然只是小说家的艺术虚构，并不符合历史事实。首先，历史上无论大桥、小桥还是桥玄，都姓"桥"而非"乔"。其次，历史上大桥、小桥的父亲桥公究竟叫什么名字，史书并无记载，但多半不是桥玄。桥玄死于184年，享年七十五岁。以常理揣测，他的女儿至少应有二十多岁。等十五年后孙策占领江东时，早已经是半老徐娘，不应该再有"国色"之称。自从《三国演义》虚构、清人沈钦韩《后汉书疏证》又将桥公坐实为桥玄以来，这个说法流传颇广，故稍做辨析如上。

能臣和奸雄

为什么何颙和桥玄都会给曹操这么高的评价呢？我想，是因为他们在曹操的身上看到了两项非常可贵的品质。而这两项可贵品质，在当时一般的儒家士大夫和那些太学生身上，是很难看到的。

第一，实干精神。太学生们虽然嘴皮子厉害，说起来夸夸其谈，动辄以天下为己任，以扫除天下、澄清宇内自诩，但是缺乏实际解决问题的能力与魄力。而曹操恰恰相反。曹操不是理论派，他是实干派。他这个人能文能武，拿起刀子就敢去杀人，这是太学生比不上的。就在太学生都在想着怎么给东汉王朝挑毛病，怎么提出问题的时候，曹操已超前一步，他想的，是怎么解决问题，而且已付诸行动。

第二，谋略。太学生们虽然道德品质无可挑剔，但是在残酷的政治斗争面前，他们显得很傻很天真。与工于权术的宦官稍一过招，就纷纷败下阵来。而曹操从小熟读法家、兵家的著作，将权谋法术掌握得炉火纯青；无论是政治斗争还是军事艺术，都是高手中的高手。所以桥玄和何颙才会给他这么高的评价，认定他就是将来平定天下的那个人。

不仅如此，桥玄还给曹操推荐了第三位重量级的明星。桥玄说：你要想真正出名，光找我还不行。我一个糟老头子，说话不管用。我推荐你去见一个人，这个人讲的话，一句顶一万句。你如果能够得到他的一句好评，那你的名声一下就上去了。

这个人是谁呢？许劭。前文讲过，许劭主持的"月旦评"，名闻天下。以前，曹操既不够格入许劭的法眼，也没有这个底气上"月旦评"。现在，曹操拿到了桥玄的推荐信，底气十足。他几次三番"卑辞厚礼"来找许劭。卑辞，就是说好听的话，拍马屁；厚礼，就是准备了非常丰厚的礼物。曹操试图通过言辞贿赂和实物贿赂，双管齐下，拿下许劭。

谁曾料到，许劭此人作风正派，根本不吃曹操这一套。不仅如此，他还"鄙其人而不肯对",看不起曹操的为人,不肯给他评价:"你给我送这些东西,你把我许某人当成什么人了?不要说好评了,就算一句差评我都懒得给你。"许劭之所以如此,既是段位在那里,确实瞧不上曹操这种不入流的小角色,也是因为曹操出身宦官之家,清流、浊流势不两立。

曹操被拒绝以后,他骨子里那种叛逆的游侠精神和强硬的法家手段立马就被激活了。好你个许劭,敬酒不吃吃罚酒,那我就先礼后兵!

根据史书的记载,曹操"伺隙胁劭",也就是逮到个机会,对许劭进行威胁。具体是怎么威胁的呢?史书没有提供细节。根据曹操的性格和他早年间的游侠经历,很有可能是一种暴力威胁:你给不给我好评?你不给我好评,我很难保证你本人和你家人的人身安全。

许劭被逼无奈,只好送了曹操一句话。这句话,根据《三国志》注引孙盛《异同杂语》的记载,是这样的:"子治世之能臣,乱世之奸雄。"你这个人啊,是太平盛世的能臣,是乱世的奸雄。

据说曹操听到这句话以后,非常得意,哈哈大笑,扬长而去。

这句话在《后汉书》中,有另一个版本:"清平之奸贼,乱世之英雄。"很多学者认为《后汉书》这个版本是原版,我不同意这个看法。我认为《三国志》注引《异同杂语》的才是原版,理由有三。

第一,《异同杂语》是晋朝的书,成书在先;《后汉书》是南朝的书,成书在后。在没有其他佐证的情况下,先优于后。

第二,许劭这个人,是非常有骨气的,威武不能屈。虽然他受到曹操的暴力威胁,被逼无奈地给了他一个评价,但是这句评论,也应该是实事求是的,不可能纯拍曹操的马屁。当时天下已有乱世将临的征兆了,许劭如果说曹操是"乱世之英雄",那就变成拍马屁了;许劭说曹操是"乱世之奸雄",有褒有贬,比较符合事实,比较客观。

第三,"治世之能臣,乱世之奸雄"更符合曹操的思想倾向。《剑桥中国秦汉史》中把东汉时期的精英阶层分为三类:

第一类，儒家内部的儒家。这种人，太平盛世治国平天下，乱世时即使颠沛流离，也能弦歌不辍，不改儒家之本色。

第二类，儒家内部的道家。这种人，太平盛世兼济天下，乱世来临独善其身。邦有道则仕，邦无道则隐。以一种相对消极的姿态，应付乱世。

第三类，儒家内部的法家。曹操就是这一类的典型。这种人在太平盛世，呈现出儒家的面貌，是治世之能臣；一旦天下大乱，就会露出法家的面目，成为乱世之奸雄。这才是曹操思想倾向的本质所在。

不管怎么说，曹操先后得到了何颙、桥玄、许劭三位重量级明星的代言，知名度一下子就提上去了。他轻而易举地从三万太学生中脱颖而出，迎来了人生的第一个转折点。

孝廉和权势

曹操二十岁太学毕业以后，立刻就被地方上推举为孝廉。所谓孝廉，顾名思义，就是指非常孝顺父母的儿子，非常廉洁的政府公务人员，孝子廉吏是也。孝廉是一种荣誉性的资格，也是汉朝选举制度常设的名目之中，等级最高的一种。取得孝廉资格的人，在仕途上前途无量。从此往后四十多年，曹操一步一个脚印，在官场之上不断奋进，创造了很多奇迹。

比如，汉朝的丞相这个官职废除已久。为了曹操，汉室破例封他为丞相。又比如，汉朝有项规矩，非刘姓不王，一个人如果不是汉室宗亲，就算立下天大的功劳，也没有资格做诸侯王。为了曹操，汉室破例封他为魏王。可以说，曹操在仕途上能够取得这么多辉煌和荣耀，起点就是孝廉。被推举为孝廉，是曹操人生中一个至关重要的转折点。

但是如果仔细地考察一下历史，就会发现，从东汉王朝的制度来讲，曹操被推举为孝廉这件事情，是违法的。

举孝廉这项制度，由董仲舒首先提议，汉武帝首先采纳，在汉朝实行了好几百年。无论你是平头老百姓，还是基层公务员，只要你孝顺父母、品行端正，从理论上讲，就都有机会被选为孝廉。但是实际上，孝廉的名额非常少。现代人考公务员，录取比例百里挑一，就觉得竞争非常激烈了；那孝廉的选拔比例是多少呢？大概是二十万比一。到了东汉的时候，又设置了一道年龄上的门槛：必须年满四十岁，才有资格成为孝廉的候选人。"四十岁"这个年龄，不是随意设置的。《论语》有云："四十不惑。"一个人差不多到了四十岁以后，就不大会犯糊涂了。

但这样一项举孝廉的制度，到了东汉末年，已经完全被破坏了。

晋人葛洪的《抱朴子》，记录了东汉末年的一首儿歌："举秀才，不知书；举孝廉，父别居。"秀才与孝廉，是汉代察举的两个重要名目。秀才，偏重考察学识；孝廉，偏重考察道德。这首儿歌的意思是：推举上来的秀才，大字不识一个，文盲；推举上来的孝廉，把自己的老爹赶出家门，逆子。

举个例子。汉末青州境内，出了一个著名的"孝子"，名叫赵宣。此人的孝顺之名可谓轰动天下。根据汉朝的规定，父母去世要守丧三年。但实际上，民间守丧常常偷工减料，能够守满三年之丧，已经称得上是孝子了。而这位孝子赵宣，为他的父母守了多少年丧呢？二十多年。这还不算什么。一般人服丧，是在父母的坟墓附近盖一个小茅屋，在这座茅屋之中守丧。而赵宣在哪儿守丧呢？坟墓里。父母的坟墓之中有墓道，他就在这暗无天日的墓道里面长年居住，一住就是二十多年，很少冒出地面。

这种事情，不管放在哪朝哪代，那都得上新闻的头版头条。所以赵宣的名气非常大，各级政府给他送来的荣誉称号不计其数。郡县将这个人作为先进人物，推举到州里，请求表彰。当时的青州刺史，刚好就是那位名列"三君"、志在扫除天下的陈蕃。陈蕃经过调查，发现赵宣在服丧的二十多年间，在墓道之中寻欢作乐，前后生了五个小孩，这才戳穿了这个

"孝子"的假面具。

举孝廉的初衷，本是表彰道德高尚的君子。发展到末流，竟然培育出赵宣这种制度的怪胎。何以如此呢？

第一，以利益驱动道德，这是举孝廉的内在矛盾。举孝廉的本意，是奖励有道德之人。但是发展既久，人们为了能被举为孝廉，拼命表现自己的道德。为了利益而道德，这在儒家看来，并非道德的表现，这叫"义利之辨"。

第二，道德品质无从量化，这是举孝廉的操作缺陷。举孝廉，主要考察一个人的道德品质，而道德品质偏偏是没有办法量化的，是可以装出来的。人的道德，只应当恪守底线，而不宜苛求卓越。要从二十万人之中，挑出一个道德品质排名第一的人，这怎么选呢？根本不具备可操作性。而当一项制度不具备可操作性的时候，它的可操作空间就很大了。

第三，道德竞赛将造就畸形的道德观念，脱离人之常情。要想在二十万人之中脱颖而出，必须出奇制胜，以奇奇怪怪、骇人听闻的"道德"行为博取眼球。赡养父母不算什么，必须埋儿孝母、卧冰求鲤、割股啖亲，乃至墓中守丧，才有炒作的价值。陈蕃怒叱赵宣时，曾经说："圣人制定礼法，依据的是普通人的道德观，也就是常情常理。"而举孝廉往往造成恶性的道德表演竞赛，脱离人之常情。

因此，"举孝廉"这一鼓励道德的制度，反而会造成不道德的后果。

以曹操为例。第一，法律明文规定，必须年满四十岁才可以被选为孝廉。曹操才二十岁，凭什么被选为孝廉？第二，法律明文规定，孝廉最起码的条件，得孝顺父母、品行端正。根据现有的史料，没有哪一条能证明曹操小时候孝顺他的父母；反而有多份证据表明，曹操小时候最喜欢欺骗他的老爸。

曹操这样一个人，能被违法推举为孝廉，一方面，何颙、桥玄、许劭这些名士的推荐，肯定起了很大的作用；另一方面，我认为更关键的，应该是曹操的家族势力在起作用。

曹操家族是一个官宦之家，是一个宦官之家，在沛国谯县地方拥有很大的势力。现在曹家的大少爷，太学毕业要出来找工作，这对地方官而言，是一个巴结曹家的大好机会，当然不肯放过。所以这二十万分之一的机会不给别人，偏偏给了曹操。不知道的，还以为是曹操被幸运女神撞了一下腰；可实际上，仍是金钱与权力运作的结果。

讲到这里，可以做一个总结。汉朝的旧体制其实已经非常腐败了，而曹操，既是旧体制的受益者，也是旧体制的受害者。

一方面，曹操利用当时喜欢评论人物的风气，为自己攒够了名声，还通过开后门、拉关系，成为孝廉；另一方面，也应该看到，曹操本身明明有着出类拔萃的能力，却不能够通过公平竞争，堂堂正正获得社会的认可，而只能够通过这种歪门邪道，挤进公务员的行列。如果一个社会中，连真正的人才都要通过歪门邪道，才能得到社会的认可，那么这个社会肯定是出问题了。

这其实不仅是曹操一个人的遭遇。历史上很多人都会面临同样的两难困境。人们会抱怨，社会为何如此不公平，为什么这么多潜规则；而抱怨过后，却往往会选择适应这个不公平的社会，去适应既定的游戏规则。适应以后，也就在这套规则体系之中如鱼得水，成为一个既得利益者了。既然媳妇熬成了婆，那就赶紧折磨新来的媳妇，利用这套潜规则去获取私利，去刁难他人。

那么，曹操呢？曹操的选择非常独特。正因为曹操深受其利，从旧体制之中捞到了很多好处，所以他才能够深刻地认识到旧体制的弊端所在。这样一种深刻的认识，在他今后成长的过程中，还会不断发酵、不断成熟，为他将来进行全面改革埋下伏笔。

我觉得，从这里正可以体会到曹操的真正过人之处，体会到他最后成功的原因。

当然，这是后话。现在曹操才二十岁，相较于汉朝的制度规定，提前二十年成了孝廉。同一年，他也得到了人生中的第一个官职——洛阳北部尉，也就是京城洛阳北部地区的治安长官。就在曹操踌躇满志，准备开始仕途生涯之时，一个来头很大的人物在曹操的辖区公然触犯法律，给他带来了官场之路上的第一个考验。

第四章

棒杀权贵

司马防软硬不吃

曹操二十岁太学毕业，被推举为孝廉；同一年，得到了人生中的第一份工作——洛阳北部尉。如果说举孝廉让曹操尝到了不公平竞争的甜头，那么任洛阳北部尉就让曹操尝到了不公平竞争的苦头。曹操凭借家族的地方影响力，碾压了本郡另外十九万九千九百九十九个人，获得了孝廉的资格。但他同样遭到了来自更高维度的碾压。

这个更高维度的存在，就是袁绍。

袁绍是洛阳游侠集团的领袖，是汝南袁氏的子弟，是大汉王朝年轻一代的翘楚。比曹操稍早，袁绍也获得了人生的第一份工作，出山为官。他的第一份工作是濮阳令，也就是濮阳县的县长，级别是一千石。濮阳县邻近首都洛阳，是东汉经济最发达的县之一。

曹操是一个很要强的人。他嘴上不说，心中时时以袁绍为标尺，衡量自己。他觉得，袁绍虽然家世很好，但能力平庸。当年他与我一起做游侠时，差点儿被吓尿裤子，五次三番斗智斗勇，均是我的手下败将。这样的能力尚且能做濮阳县令，我曹操虽然家世略不及你，但无论才华、武艺，均远胜于你，近来又名声大噪，连续获得何颙、桥玄、许劭的好评，二十岁就被举为孝廉，应该足以弥补先天出身的不足吧？我出仕为官，无论如何不应该比你差吧？所以曹操对自己第一份工作的心理预期，是做洛阳令。

结果，事与愿违，曹操被分配到了洛阳北部尉的位置上。这是什么概念？濮阳令是一千石，一县之长；洛阳北部尉呢？四百石，至多相当于一个县公安局局长。从举孝廉到洛阳北部尉，可谓"高开低走"，曹操心理落差极大。

按理来讲，曹操的家族势力很大。宦官在当时权倾朝野，曹操的祖父可是宦官界的前辈。举孝廉可以走后门，分配工作为什么就碰钉子了呢？因为孝廉出身分配工作，必须得到朝廷高官的推荐。他推荐你做什么，你就做什么，不能更改。而偏偏推荐曹操担任洛阳北部尉的这个人，性格刚正不阿，品行正直端方，为人软硬不吃。

这个人，名叫司马防，时任京兆尹。

司马防可能大家不太熟悉，换个方式介绍吧。他的儿子叫司马懿，他的孙子叫司马昭，他的曾孙子就是晋朝的开国皇帝晋武帝司马炎。今天，曹操事业起步的第一桶金，是司马防给的；将来，曹操所创下的曹魏帝国的江山社稷，也是被司马懿祖孙三代给抢走的。所以说：出来混，迟早是要还的。这是历史开的一个玩笑。

曹操对洛阳北部尉这样一个官职，相当失望。多年以后，已经受封魏王、成为成功人士的曹操，还对这件事情耿耿于怀，越琢磨越不是滋味：凭什么我当初那么有才能，官职却比袁绍还低，只能做个洛阳北部尉呢？越想越想不通，就把司马防重新请出来，和他进行了一次谈话，问："孤今日可复作尉否？"你觉得今天的我还只能做一个洛阳北部尉吗？

司马防一听，明白了：还记当初那仇呢，瞧你这小心眼儿的样子。但是，司马防也知道，曹操的这个问题很难回答。要是回答："我还是坚持当年的判断，我觉得你就是只能做一个洛阳北部尉，你认命吧。"那就是不给曹操面子，不给他台阶下。人家现在可是魏王，要弄死你轻而易举。如果改口，说："对不起，我当初错了，我有眼不识泰山，我其实早该看出你能做魏王。"这就是溜须拍马，不实事求是，不符合司马防刚直的性格。

那么司马防是怎么回答的呢？他的回答很巧妙。司马防说："昔举大王时，适可作尉耳。"（《三国志·武帝纪》注引《曹瞒传》）你今天水平怎么样，我不清楚。反正当初我推荐你做洛阳北部尉的时候，你的能力也就是刚刚够格做一个洛阳北部尉。别老是翻陈年账本了，向前看吧。

言归正传。获得第一份工作的曹操十分无奈，只好姑且就任。但他上任没多久，就发现即便是洛阳北部尉，也绝不好当。

众所周知，洛阳乃是东汉王朝的首都。东汉末年，吏治腐败，洛阳的犯罪率非常高。按理来讲，犯罪率高，正好给了曹操大显身手的机会，洛阳北部尉不正是负责治安的长官吗？但是事情没有这么简单。

在洛阳城作奸犯科、违法犯罪，导致犯罪率居高不下的不法分子，不是平民百姓，而是外戚、宦官、权贵，以及他们的党羽、爪牙。洛阳北部尉不过是个四百石的小官，而要面对的犯罪嫌疑人，可是比他大上好几级，谁会把区区洛阳北部尉放在眼里？京城的关系，盘根错节。随便碰上一起案件，犯罪嫌疑人可能还没被押送回衙门，无数张疏通关系的条子，就已经递到曹操手里了；案情还没有调查清楚，就已经有好几位长官找曹操下令放人了。这么大的压力，怎么顶？这么小的官，怎么当？

曹操的第一个选择，就是像东汉其他的官员那样，奉行中庸之道，不求有功，但求无过，装聋作哑，混吃等死。但是这样做的结果，就是泯然众人，无法出人头地。这既不符合曹操的性格，好不容易积攒下来的名声也会因此泯灭殆尽。

曹操的第二个选择，就是坚持强硬执法，坚决与恶势力做斗争。这样做的结果，势必会得罪当道的权贵，轻则丢官，重则掉脑袋，后果不堪设想。

所以，你曹操究竟是乱世之奸雄，还是乱世之狗熊，谁说了都不算。是奸雄是狗熊，拉出来遛遛。无数人拭目以待，等着瞧曹操出彩抑或出丑。洛阳北部尉，就是摆在曹操面前的第一道难题。

弱者知难而退，强者迎难而上。曹操选择了强者的道路，新官上任就放了三把火。正是这三把火，短短几个月内就轰动了整座洛阳城，让每一个人都牢牢记住了曹操这个名字。

蹇某人自讨苦吃

第一把火，装修办公楼。

曹操走马赴任以后，第一件事情就是给洛阳北部尉的办公大楼，搞了一次大张旗鼓的装修。这个装修不是搞内部装修、改善办公条件，而是给洛阳北部尉的四扇大门搞外部的装修。这个装修，摆明了是做给别人看的。对内，凝聚人心、振作精神，以焕然一新的面貌迎接即将到来的种种挑战；对外，表明一个立场，宣扬一种态度：从今天开始，洛阳北部尉睁一只眼闭一只眼不作为的时代，已经一去不复返了。从我曹操上任之日起，再有谁敢作奸犯科，那就是在太岁头上动土，对不起，我绝对不会心慈手软。

第二把火，悬挂五色棒。

曹操专门找了一个工匠，定制了一批特殊的刑具——五色棒。当时的执法人员，用的武器是木棒，颜色都是统一的，可能是黑色。但曹操却在又粗又长的大棍子上，涂了五种颜色，分别是青、黄、赤、白、黑，然后悬挂在办公大楼的大门两侧，一边挂上十几根。在太阳光的照耀之下，特别扎眼。悬挂五色棒的用意，和民间传说里包公在开封府摆放龙头铡、虎头铡、狗头铡三口铡刀的用意是一样的，想要起一个威慑的作用。同时，曹操还宣布：从今天开始，谁要再敢违法犯罪，不管你是皇亲国戚还是天王老子，一律乱棍打死，绝不宽贷。

曹操区区一个北部尉，上任之初，大张旗鼓，吸引了整座洛阳城的目光。一时之间，京师权贵无不屏息敛迹，静观形势。违法有风险，犯罪须谨慎，大伙儿先观望观望吧，看看这个曹操究竟是要动真格的，还是虚张声势、搞面子工程。

就这么观望了几个月，有一个人终于忍不住了，几个月不犯法手痒痒，憋得气闷难受，就在曹操的辖区之内公然触犯了一条法令。曹操抓住这个机会，点燃了他新官上任的第三把熊熊烈火，终于彻底震撼了整座洛阳城。

让我们尝试还原案发现场。

公元174年的某一天深夜，夜深人静，老百姓都已经睡下了。北部尉曹操正率领手下，每人手持一根五色棒，在他的辖区内巡逻。突然之间，他们发现前面有一个人影。这么晚了，究竟是谁在大街上随便走动呢？曹操十分警觉，立刻指挥手下冲上前去，将此人团团围住，大声喝问："你是何人？竟敢在我曹操的辖区内触犯宵禁？"

古人明白，夜晚的浓黑是一切犯罪的保护色。他们在科技条件相对落后的情况下，只能通过"宵禁"来控制犯罪。什么叫"宵禁"呢？秦汉时期，城市的格局是里坊制。城市之中，分割成方方正正的居民区，像棋盘一样规整，每个居民区就是一个里坊。居民区以围墙环绕，只开一扇里门。每天早上，里门定时开启，居民可以外出活动。一到晚上，里门定时关闭。如果里门关闭，还有人在外面逗留，那就违反了宵禁令，属于犯罪行为。每晚，执法人员都会巡视城内街道，捉拿形迹可疑之人。

违反宵禁，这叫"犯夜"。犯夜在汉律中是怎么规定、怎么处罚的，由于史料亡佚，已经很难搞清楚了。不过，可以参考一下唐朝的规定。

《唐律疏议·杂律》规定："诸犯夜者，笞二十。有故者，不坐。"大意是说：晚上无故外出走动，违反宵禁令者，一律用竹板子打二十下。但是如果事出有因，比如家中有人得了急病，需要紧急送医，或者是政府许可的公务行为，那就可以免罪。从这些规定可以看出，"犯夜"是一种相对较轻微的犯罪行为。

当时犯夜的这个人被包围以后，也吓坏了：怎么一下子就冒出来这么多人，还人手一根大棍子？他吓了一跳，但定睛一看不是强盗，是官府的人。而且看官服的服色，原来是新来的洛阳北部尉，此人一下就镇定下来，走上前去，指着曹操的鼻子就说："我是蹇某人，我侄子是蹇硕，你敢动我吗？"说完以后，冷哼一声，伸手推开众人，大摇大摆就要往前走，非但拒不认罪，而且态度极其嚣张。

此人嘴里说的蹇硕，也就是他的侄子，是什么人呢？是一个小黄门。小黄门，是皇帝身边的宦官，职位并不高，只有六百石，仅仅比洛阳北部尉高了一级而已。但是蹇硕不是一般的小黄门，他是汉灵帝最宠爱的宦官。史书记载：此人"壮健有武略"，身强力壮，武艺高强，并且有一定的军事知识。公元188年，汉灵帝动用皇室经费，任命一群少壮派军官，设置了一支武装力量，史称"西园八校尉"。其中，袁绍排名第二，曹操排名第四。而排名第一的统帅，就是蹇硕。汉灵帝临死之时，还以蹇硕为托孤重臣，托付后事。这是后话。

此时的蹇硕，尽管只是一名小黄门，也已深得圣宠。所以蹇硕的叔叔每次碰到官兵盘查，就把侄子蹇硕的名头抬出来。这一招屡试不爽。办案人员每每听说是蹇硕的叔叔，就心生畏惧，睁一只眼闭一只眼。今晚，蹇硕的叔叔看到洛阳北部尉来盘查，又把蹇硕的名头抬了出来：我是蹇硕的叔叔，你敢动我吗？他以为，曹操也会知难而退。

但是，蹇硕的叔叔今天犯了一个致命的错误。他吓错人了，曹操不是被吓大的。

曹操听到蹇硕的名头，仍然面无表情，厉声下令："给我打，打死他！"

手下的执法人员一听到曹操的命令，立刻高举五色大棒，把蹇硕的叔叔团团围困在中心，劈头盖脸就是一顿毒打。宁静的夜空下，一阵阵凄厉的惨叫划破天际，令人毛骨悚然。不过，惨叫的声音越来越微弱，慢慢变成呻吟，最后只剩下棍棒打在人体上的有节奏的"啪啪"之声。当执法人员收起武器四散退开的时候，地上只剩下一具血肉模糊的尸体。自以为有靠山的蹇硕的叔叔，仅仅因违反了宵禁令，就被曹操当街活生生地打死了。

曹操疯了？

自我包装，当官的讲究

为什么曹操要打死蹇硕的叔叔呢？

对这个执法案例，不能从法律的层面去分析。法律层面很简单，蹇硕叔叔罪不至死，曹操执法过严。法之意在法外，此处可以从"术"的角度，做一点分析。

先解说一下，什么叫"术"。《说文解字》云："术，邑中道也。"术的本义，是城市中的道路，引申为途径、方法、策略的意思，更进一步则成为法家的专有名词，与"法"对应。《韩非子》说："人主之大物，非法则术也。"君王的最大工具有两件，一件是法，一件是术。法，是确定的、公开的法律；术，则是变化的、潜藏的权谋。中国古代的许多案例，看似用法，实则行术。不明白术这一阴面，就难以理解法这一阳面。曹操后来是用术的大师，棒杀权贵的案例也可以从"术"的角度做三点分析。

第一，轻罪重刑。

轻罪重刑，是法家预防犯罪的重要手段。今天的法律，讲究罪刑相适应原则，轻罪轻刑，重罪重刑，天经地义。但法家的观点则不然。《商君书》说："行刑，重其轻者。轻者不生，则重者无从至矣。"对轻微犯罪，要处以重刑，这样一来，轻罪的犯罪成本就大大提高了。大多数犯罪者，都要衡量犯罪成本、评估犯罪风险。如果犯罪受益太小、风险太高，那么理性人自然会选择不犯罪。重罪已经处以重刑，譬如杀人者死，无法进一步加重。所以法家的办法是提高轻罪的犯罪成本。这样一来，轻罪不会发生，防微杜渐，重罪就更不会发生了。蹇硕的叔叔犯了个宵禁，这么轻微的犯罪，却被当街打死，这正是曹操对法家"轻罪重刑"理论的一次实践。

第二，杀一儆百。

洛阳城中，犯罪丛生，利益关系盘根错节，曹操不可能挨个打击一遍。正所谓"法不责众"，打击面太广，将会引起激烈的反弹，殃及曹操自身。所以法家有一种术，叫作"杀一儆百"，处理一个典型，可以起到对同类行为的巨大威慑作用。问题是，杀什么样的"一"，才能收到"儆百"的效果呢？古兵书《六韬》云："杀之贵大，赏之贵小。"要想使激励机制起作用，那就要赏赐最低贱的人。最低贱的人尚且有奖励，高位者自然不愁奖不到自己头上。要想使惩罚机制起作用，就要制裁最高贵的人。最高贵的人尚且不免于刑戮，低贱者自然人人自危。赏贱罚贵，这是法家、兵家常用的术。蹇硕的叔叔，就是"杀之贵大"的最佳样本。此人顶风作案，无数双眼睛都在盯着曹操。这块硬骨头啃不下来，权贵们自然就掌握了曹操执法的软肋，洛阳北部尉的威信必将荡然无存。所以，曹操必须抓住机会啃掉这块硬骨头。蹇硕的叔叔后台这么硬，尚且是被当街打死的下场，其他人再想犯法，那就难免要掂量一下自己的分量。

第三，自我炒作。

前文说过，曹操虽然是宦官的孙子，但他上太学之后，一心想要和宦官集团划清界限，改善自身形象。这一次当街打死蹇硕的叔叔，正是一次非常成功的自我炒作。关于炒作，兵家、法家也有一种术，即便放在今天的大众传媒时代，也是行得通的。据说姜太公有云："不痴不狂，其名不彰。"（《太平御览》引《周书》）平庸的表现，难以出名；只有异乎寻常的表现，才能扬名。哪怕通过疯狂的行动，博人眼球，也不失为出名的办法。曹操就通过这次疯狂的执法案例，成功地把自己包装成了一个反抗宦官的英雄、不惧权贵的斗士。

但同时也应当注意，这件事情反映出曹操急功近利、心狠手辣，为达目的不择手段的性格阴暗面，暴露出曹操置法律规定于不顾，滥用权谋法术来代替法律制度的思想阴暗面。这些阴暗面，在曹操未来的人生中，随着他地位的攀升，还将愈加明显。这也成为曹操饱受世人诟病的一大原因。

曹操打死了蹇硕的叔叔，这件事情产生了三大效果。第一个效果，"京师敛迹，莫敢犯者"（《三国志·武帝纪》注引《曹瞒传》），洛阳的犯罪率直线下降，治安情况显著好转。第二个效果，曹操的知名度大幅提升，几乎无人不知。第三个效果，宦官们对曹操切齿痛恨。他们觉得：东汉以来，从来只有我们宦官欺负人，哪有人敢欺负宦官？如今曹操这个小兔崽子，居然欺负到我们头上来了，是可忍孰不可忍？宦官集团准备反扑。

而暴得大名的曹操，显然还没有嗅到这件事情背后的危险。

一帆风顺？这才刚开始

曹操打死了蹇硕的叔叔，包括蹇硕在内的宦官集团当然不会善罢甘休。按照惯例，他们当然要对曹操进行打击报复。但是一查曹操的背景，宦官们集体傻眼了：曹操的爹曹嵩，是当朝的司隶校尉，官做得非常大；再一查曹操的爷爷，更了不得，居然是宦官界的老前辈，自己人！

这样一来，宦官们感到此事非常棘手，不好处理。有心要打击报复吧，生怕得罪了曹家，把自己人推到敌人的阵营里面去，这不好；就这样算了吧，又实在咽不下这口气。更何况，宦官们有很多亲戚党羽都在洛阳城，都有犯罪的案底。蹇硕的叔叔被打死以后，可以说是人人自危，说不定哪天就轮到自己的头上。

怎么办呢？宦官们一合计，无奈之下想出了一个以退为进的办法。他们对汉灵帝说："最近有个洛阳北部尉曹操，执法刚正不阿，表现出色，希望皇上能够破格提拔。"宦官们说这话的时候，心里都在滴血。

汉灵帝一听，觉得有意思，对宦官们说："洛阳北部尉曹操这个人，朕最近也听说了，他把你们的叔叔都给打死了。这样你们还推荐他，不愧是一群宦官。那你们看给他个什么官吧？"

宦官们咬牙切齿地说："反正别让他待在洛阳城就行，滚得越远越好。"汉灵帝说："这样吧，顿丘这个地方正好缺个县令，就让曹操担任顿丘令吧。"

曹操二十三岁，从洛阳北部尉被提拔为顿丘令。这是一个皆大欢喜的结局。宦官们很高兴：终于把这尊瘟神给送走了，从此以后洛阳城又是我们这群害虫的天下了，我们又可以为非作歹、胡作非为了！曹操更高兴：终于实现了做一名县令的愿望，主宰一方。正可以说是少年得志，春风得意。

但是曹操高兴得太早了。曹操从二十岁踏上仕途开始，前后经历了三起三落，一次比一次爬得高，也一次比一次摔得重。举孝廉、出任洛阳北部尉、升官顿丘令，到目前为止，人生之路可以说是一帆风顺，这是曹操三起三落的第一起。那么，曹操的第一落是怎么回事呢？

无妄之灾，一夜回到起点

公元178年，曹操有一个亲戚被人诬陷惹上了一起官司。正是这样一起官司，最后又牵连到了曹操，让他丢了刚刚到手的乌纱帽。这个亲戚是谁呢？说起来比较复杂，非常烧脑。以下内容，建议认真阅读。

曹操的父亲曹嵩有个兄弟，这个兄弟有个女儿，论起关系来，就是曹操的堂妹。这个堂妹嫁了一个老公，姓宋名奇。宋奇有一个妹妹宋氏，正是汉灵帝的妻子，当今的宋皇后。宋氏还有一个姑姑，是渤海王妃，她的丈夫就是汉桓帝的弟弟、当今的渤海王刘悝。

汉桓帝时，渤海王曾犯了个错，被削减封地。封地一小，开支就紧张了。所以刘悝找到当时一位炙手可热的大宦官，名叫王甫，向他许诺：如果您能让我恢复往日的封地和待遇，我给您五千万钱。王甫权大势大，懒得为这点儿钱奔波忙碌，就没有放在心上。

没想到汉桓帝在临死之前，想到这个弟弟被削减封地，日子过得紧巴巴的，起了怜悯之心，留下遗诏：恢复渤海王的封地。

王甫一瞧，这岂不正好做个顺水人情？就派人上门收钱。把刘悝给气得呀！这是你的功劳吗，还敢派人上门收钱？一口回绝。王甫没收到钱，勃然大怒：你也太小瞧我们宦官的能耐了！遂找到汉灵帝，诬陷刘悝，说："当年汉桓帝驾崩之际，刘悝有心入主长安，当皇帝，这是谋反的死罪。此人不可留于世间。"这起案件的结果是，刘悝本人自杀，妃妾十一人、子女七十人、伎女二十四人，皆死于狱中。

王甫害死了渤海王夫妇以后，心中也是惴惴不安。因为还有一个人没有除掉，那就是渤海王妃宋氏的侄女、当今天子的枕边人——宋皇后。宋皇后每天都跟汉灵帝在一块儿，随便什么时候吹个枕边风，说不定就把王甫给整死了。所以王甫决定一不做二不休，干脆想个办法，除掉这颗定时炸弹。

在汉代，诬陷一名男子，最佳罪名是谋反；诬陷一名女子，最佳罪名是巫蛊。巫蛊，就是利用诅咒、蛊毒之类的巫术陷害他人。所谓诅咒，无形可追、无迹可查，实乃栽赃陷害最佳罪名。王甫应该也是看出宋皇后与汉灵帝之间有了嫌隙，便乘虚而入，密奏："据我们掌握的可靠消息，宋皇后向您施行巫蛊之术。"汉灵帝既与皇后有隙，兼之已经除掉了皇后的姑姑一族，不便将一个有瑕疵的人留在自己的枕边，遂一道诏书废了宋皇后，将之打入冷宫。不久，这位倒霉的废皇后就死在冷宫之中，父兄也都被牵连诛杀，曹操的堂妹夫宋奇也在被诛之列。这起事件进一步波及了曹操，他被罢免顿丘令之职，免为庶人。

故事讲完了。如果你是曹操，你觉得冤不冤？何止是冤，简直是莫名其妙！中国历史上，株连之事并不少见。但是因为渤海王"谋反"，株连到渤海王的妻子（宋王妃）的侄女（宋皇后）的兄长（宋奇）的妻子（宋妻曹氏）的堂兄（曹操），这株连链未免也太长了一些。怎么理解这次事件呢？

这是一起"无妄之灾"。

《周易》有对应的"无妄卦"，讲了这么一种非常特殊的情况：有的时候，就算你一切都已经做到最好，机关算尽也想不到还会有哪儿出问题，结果偏偏会有一个灾祸降到你的头上。这种不是因自己的原因而发生的、不可预测的、无从防范的、无缘无故发生的灾祸，就叫"无妄之灾"。

无妄之灾有没有应对之道？有。《周易》说：在遭受无妄之灾的时候，一定要清醒认识到，这不是自己的原因，并且继续坚持正道，不要盲目地总结失败教训、胡乱调整本来正确的道路。简言之，遭受无妄之灾，最要紧的，就是待在原地，不要乱跑乱动。"无妄之往，何之矣？"在无妄之灾的情况下，乱跑乱动，是要去哪儿呢？

现在曹操遭受的就是无妄之灾。饶是他老谋深算、机智过人，也绝不可能预见到会因为这么一个八竿子打不着的亲戚而翻车。曹操棒杀蹇硕的叔叔，得罪了宦官集团，结果非但没有遭到任何报复，反而就此升官，这个结果是很不正常的。人生的意外之喜，绝非命运的免费馈赠，而是上天的提前预支，将来多半要以无妄之灾的形式连本带利还回去。

但是，从另一面讲，曹操的这次失败，又有其必然性。上次宦官集团找不到曹操的岔子，只得采用升官远迁的方式，暂时将他请出洛阳城；如今渤海王涉"谋反"、宋皇后涉"巫蛊"案，既然当事人与曹操沾亲带故，那就别管多远的亲，一并株连、秋后算账吧。曹操人生的第一次跌倒，远因在此。

去不到终点，又回到原点。曹操二十四岁，被革去官职，免为庶民，带着非常郁闷、非常低落的心情，重新回到了家乡谯县。和同龄人相比，曹操现在不仅一无所有，还白白浪费了十年的大好青春岁月。

人生不如意事，十常八九。有时候是自作孽，有时候是天作孽。现在曹操就赶上天作孽了。不过，换个角度，遭遇也许就是机遇。曹操此前的人生走得太顺，顺到来不及停下来想想，顺到把父辈的脚力当作自己的能耐，顺到以为天下事不过如此。在这样的情况下，来一次顿挫，未必不是好事。天作孽，换个角度，也许就如孟子所说，是"天将降大任于是人也"，命运考验曹操、磨砺曹操来了。

人生如刀，越磨越利。

第五章
三起三落

用清官名字，填贪官名单

曹操仕途的三起三落，第一起、第一落已经过去。他的第二次被起用，要归功于汉灵帝。现在，先对这位皇帝做一个正式介绍。

汉灵帝名叫刘宏，十二岁登基，三十四岁驾崩。此人一生虽然特别短暂，但是他给当时的老百姓带来了无穷无尽的苦难，同时也为后世树立了一个昏君的典范。

中国历史上，很多昏君都有业余爱好。比如宋徽宗爱好书画，一手"瘦金体"写得非常漂亮。南唐后主李煜爱好诗词，在词的创作方面，堪称一代宗师。那么，汉灵帝有没有拿手的业余爱好呢？有，那就是做小买卖。汉灵帝在后宫盖了一个超级市场，让宫女们在里面扮演买家、卖家，他自己呢，也打扮成一个商人，跟人讨价还价做生意。

汉灵帝还懂得利用自己的商业头脑为皇室创收。怎么创收呢？卖官。

卖官鬻爵，在中国历史上不是什么新鲜事。从秦朝到清朝，都有通过实物或货币购买、捐纳低级官职的制度。但是一般来讲，别的朝代卖官，是在政府财政入不敷出之时，拿出一些没有实权的虚职，予以出售。毕竟通过买官上位的人，多半没有真才实学。但汉灵帝的卖官，很不一样。在汉灵帝这儿，整个朝廷的所有官职，上自三公九卿，下到地方县令，全都明码标价；除了皇帝不卖，其他的官职全都可以自由买卖。这在历史上来讲，的确是独此一家、别无分店了。汉灵帝不但允许现金交易，还允许分期付款。如果有人最近手头太紧，一时半会儿拿不出那么多现金来买官，没有关系，可以先把首付给付了，剩下的，等上任以后慢慢地搜刮老百姓，再连本带利慢慢地还。

在汉灵帝这样一个皇帝的统治之下，老百姓的生活如何？《后汉书·灵帝纪》有云："河内人妇食夫，河南人夫食妇。"在河内郡和河南郡，发生了人吃人的惨剧。河内郡和河南郡，都是司隶校尉的辖区，是离首都很近的地方，经济很发达，尚且发生了人吃人的惨剧；其他地方，可想而知。

中国历史上有一些特殊的大饥荒时代，偶尔会发生人吃人。但一般的人吃人叫"析骸而炊，易子而食"。儿童是弱势群体，既没有劳动能力，又浪费口粮，所以先吃孩子。但自己生的孩子不忍心吃，拿去交换邻居家的小孩，含着泪吃了。汉灵帝时代的人吃人更可怕，是"夫妇相食"。丈夫吃妻子，妻子吃丈夫。什么情况下会夫妇相食？孩子已经吃光了。这已经不是"水深火热"四个字可以形容的了，活脱脱就是人间地狱。

汉灵帝尽管是一代昏君，但他也不愿意做亡国之君。做昏君很快乐，车如流水马如龙，花月正春风；但是做亡国之君就很痛苦了，无限江山，别时容易见时难，只能到梦里面去一晌贪欢。我死后哪管他洪水滔天，但是我活着的时候绝不能改朝换代。所以，公元180年，汉灵帝下了一道诏书，说：朕要选拔四个人才，这四个人才要分别精通《尚书》《诗经》《春秋左氏传》《春秋穀梁传》。朕要让他们到朝廷之中担任议郎，给朕出主意，想办法挽救危亡。汉灵帝的想法相当天真烂漫，他以为只要找几个饱读诗书、有学问的人来，就可以挽狂澜于既倒，扶大厦之将倾。

就是汉灵帝这一份天真烂漫的诏书，给了曹操东山再起的机会。曹操抓住这次机会，重新出山做了一名议郎。这就是三起三落的第二起。

议郎是个什么样的官儿？根据《续汉书·百官志》，议郎"掌顾问应对"。议郎常年在皇帝身边工作。皇帝的"顾问"，也就是遇到不明白的事情，回头问话，议郎要"应对"，给出相应的解答。

议郎的职位并不高，是"比六百石"的小官，比四百石的洛阳北部尉高了一级，比一千石的顿丘令低了好几级。不过，从理论上讲，议郎有言论自由。所谓"言者无罪，闻者足戒"，说错话不必承担罪责，鼓励给国家的大政方针多提意见。

议郎的这个特点，很对曹操的胃口。曹操初出茅庐，血气方刚，早已对昏暗的朝政有不少敏锐的观察和尖锐的意见。现在做了议郎，正好在其位谋其政，抓住机会给朝廷提了不少意见。

当然，这些意见大多如泥牛入海，杳无回音。毕竟大汉王朝的体制过于复杂，绝非区区一个议郎可以轻易改变。但曹操并不介意。听不听是你的事，说不说是我的事，我必须尽自己的职分。更何况，万一成功了呢？

果然，功夫不负有心人。曹操检举揭发了一起特大贪污腐败案件，居然成功了，汉灵帝高度重视曹操的意见。但也正是这个案件，让曹操对中央彻底绝望。这是怎么一回事呢？

东汉末年政治腐败，老百姓编了很多歌谣讽刺贪官污吏。举个例子，当时四川境内有个儿歌："虏来尚可，尹来杀我。"（《后汉书·南蛮传》）讽刺当地一个姓尹的官员，说：强盗来了，我还可以逃跑；尹大人来了，我跑都跑不了，只好拿起刀来一了百了。古时候没有微博，也不能短信群发，这种段子全靠老百姓口口相传。古人认为，这种传唱的歌谣，最能体现民间的实况。在缺乏民意表达机制的情况下，采集歌谣，是君主了解底层民意的重要渠道。汉代有"采风"的制度。"风"，就是反映地方风气的歌谣。君主会定期派人到各地搜集歌谣，记录成文，谱写成曲，在宫廷演唱，以此作为调整施政方针的依据。

汉灵帝听到了"尹来杀我"这首歌谣之后，就下诏："你们下去调查一下，哪些官员被老百姓编歌谣讽刺了，统计一份名单报上来，朕要把这些贪官污吏全部罢免。"

这本来是一件好事情。但是当时汉朝的朝廷，已经从上到下烂透了。汉安帝时，朝廷曾派八名中央巡视员，给他们每人配了一辆公车，到地方巡视检举贪污腐败。七名巡视员都坐车走了，只有一个叫张纲的巡视员，停留在首都洛阳城不走，还拔出斧子把车轮砍下来埋了。别人问他为何如此，张纲正色答道："豺狼当道，安问狐狸！"最大的贪污腐败，就在这座洛阳城里，我去地方巡视，有什么用呢？

汉安帝时代尚且如此，汉灵帝时代更是每况愈下。汉安帝时，好歹还有张纲这样的角色；汉灵帝时，领受诏书、负责采集歌谣调查贪污的两个人，一位是太尉，一位是司空，都是宰相。而这两位宰相，本身就是贪官污吏在朝廷之中的总代表。汉灵帝派这两个人负责此事，后果可想而知。

在一个体制已然彻底腐败的情况下，任何反腐败的行动，都会成为新一轮腐败的由头。太尉和司空借这次行动，大肆收受贿赂、中饱私囊。他们宣布：被老百姓编歌谣讽刺，没有关系。只要给我们俩交够了钱，你们的名字就可以从这个黑名单中画掉。

贪官污吏，当然有的是钱，而且只要保住官位，钱可以再来。所以他们纷纷忍痛割肉，吐出嘴里的赃款，去孝敬太尉、司空这两位巨贪。

这样一来，贪官污吏的名字都画掉了，黑名单变成了一张白纸，皇帝下发的任务和指标完不成了，怎么办呢？

这可难不倒太尉和司空。他俩找了许多穷苦边郡的清官，这种人一穷、二白、三没有后台。这两个贪官头子把清官们的名字写在贪污黑名单上，报给皇帝，声称这就是被老百姓编歌谣讽刺的贪官。

太尉、司空，都是三公，是一人之下、万人之上的宰相，居然公然贪污腐败！曹操身为专司弹劾的议郎，当然不会放过他们。三公除了太尉、司空，还有一个司徒，名叫陈耽，此人倒是一个正直的人。曹操就和陈耽联名上书，检举揭发太尉、司空贪污腐败的犯罪行为。曹操和陈耽的检举信中说"公卿所举，率党其私"，太尉、司空的自己人贪污腐败的，一个都不在黑名单上。"所谓放鸥枭而囚鸾凤"，抓起来的都是清白的凤凰，真正的恶鸟全给放走了。（《后汉书·刘陶传》）

这封检举信因为有司徒的参与，所以顺利交到了汉灵帝的手中，引发了两个结果。

第一个结果，汉灵帝对太尉、司空进行了口头批评。

第二个结果，与曹操一起上书的司徒陈耽惨遭杀害。太尉和司空被汉灵帝批评之后，对陈耽深恶痛绝，立刻反攻倒算。陈耽惨遭诬陷，被捕入狱，最终被折磨而死。曹操呢？区区一个议郎，六百石的小官，根本不在大佬们的眼里，所以居然侥幸逃过一劫。

这件事情带给曹操的触动非常之大。

《三国志》注引《魏书》说曹操从此以后"知不可匡正，遂不复献言"。知道汉朝的体制已经烂透了，无法在内部进行改良，汉朝的皇帝居于群小的包围之中，无法扶持，便再也不在汉朝天子身上浪费感情了。

这次事件，在曹操的传记中轻轻一笔带过，在他后来文治武功的显赫人生之中，似乎只是不起眼的一件小事。但我们千万不可低估人生早期经历对一个人的深刻影响。曹操绝非生来就是乱世之奸雄，只要世道还算清平，他何尝不想当个治世之能臣？曹操的道路，固然是他自己选择的，但自主选择的背后，未尝没有时势的助推与逼迫。这次上书，就是曹操人生的一个重要分岔口。

所以，后来曹操不通过辅佐皇帝的方式进行改革，而要大权在握，挟天子以令诸侯，完全架空皇帝，自己想干什么就干什么，最终落下一个

"名为汉相，实为汉贼"的千古骂名。他为什么这么做呢？这是因为曹操对辅佐中央，早就已经丧失了信心；对汉朝的体制，早就已经寒透了心。

中央既然没有了出路，曹操就把心思转向了地方。他想找一个天高皇帝远的地方，做一个太守，布政施教，保一方平安。但议郎是六百石的小官，地方太守是二千石的高官。如果像现在这样按部就班慢慢熬，估计熬到花儿都谢了，也难以看到希望。有没有非常规的升迁办法呢？当然有。在汉朝，升迁最快的办法，就是立军功。如果能够一战成名，不要说做个太守，就算封万户侯都不在话下。

可惜的是，此时的东汉虽然腐败，天下倒还算太平。除了偶尔在西北边陲与羌人打打小仗，并没有什么大的战争，也就没有立功的机会。

就在这个时候，老天给曹操送机会来了。

天下皆王土，欲避无可避

1977年，安徽亳县元宝村出土了曹操宗族墓葬群，包括曹腾墓在内的一批墓葬重见天日。其中一座公元170年入葬的古墓中，发现了一块砖，砖上刻有文字。其中四个字是："苍天乃死。"

十四年后的公元184年，生活在水深火热之中的老百姓终于再也忍受不了了。他们在头上扎着黄色的头巾作为标志，公然喊出"苍天已死，黄天当立"的口号，[1]在各地同时发动大规模的武装起义。这就是历史上著名的

1　为什么黄巾起义用"黄天"与"苍天"相对立？过去的解释，往往从五行相生、相克说出发，无法令人满意。从五行而言，东汉以火德自命，应该是"赤天"才对。实际上，古人认为天色苍、地色黄。黄巾军信奉的神明叫"中黄太一"，即是一位大地之神。在古代阴阳学说中，天是君主的象征，地是民众的象征。"苍天已死，黄天当立"蕴含有"君主已死，民众当立"的民本意味。儒家学说认为太平之世"天下为公"，没有君主。黄巾军信奉的是"太平道"，其首领又自号"天公""地公""人公"，显然是以"太平大公"的反君主、反专制之蓝图为号召的。前人似多未论及，故附识于此，以待教者。

"黄巾起义"。黄巾起义一上来就呈现出燎原之势，震动了整个天下。

朝廷惊慌失措，立刻调兵遣将，四处救火。曹操是一名议郎，照理算是文职官员，此前也并没有表现出任何的军事才干，此时居然也被任命为骑都尉，率领军队前往镇压起义。曹操自小就熟读兵书，很快就展露出军事天赋，一连打了好几场漂亮仗。战后论功行赏，曹操如愿以偿，被任命为济南国相。

济南国是一个诸侯国。汉朝实行的是郡国并行的体制。郡的最高长官是太守。国的实际领导人，按理来讲是诸侯王，也就是皇帝的叔伯兄弟，都是刘氏宗亲。但是东汉后期的诸侯王，没有什么实权可言，只能吃吃赋税，有钱无权。实权掌握在谁的手里呢？就是国相。一般情况下，政务都由国相来代理。所以说，济南国相和太守是平起平坐的，都是二千石的高官。拿今天的话来讲，都是省部级的高官。从六百石的议郎，到二千石的济南国相，原本是天壤之别，如今却一步登天，这就是时势造英雄。

那么，济南国等待曹操的，是一个什么样的局面呢？且让我们追随曹操上任的脚步，一起去济南国了解一下。

济南国，老百姓非常贫困，官府也十分空虚，钱都上哪里去了呢？都拿来修建各种各样的祠堂庙宇了。这是济南国的一大特点。

唐朝诗人杜牧有两句名诗："南朝四百八十寺，多少楼台烟雨中。"四百八十寺算什么？济南国上下，竟有六百多座祠堂庙宇！而且这些祠堂庙宇里面，供的既不是孔老夫子，也不是太上老君，更不是如来佛祖，而是一些乱七八糟的本土神仙鬼怪。这种不符合祭祀制度的非法祭祀活动，包括这种非法祭祀活动所依托的非法庙宇，在汉朝称为"淫祀"。淫，就是多余的意思。淫祀，就是在正规的祭祀之外多出来的不合法的祭祀。

这种淫祀，一般祭什么样的神仙鬼怪？举一个例子就明白了。《风俗通义》记载了一个故事：有个男子，在野外设置了一个网罗，打算捉小动物。结果有只小鹿，困在了网中。正好有个咸鱼贩子路过，顺手把小鹿给拿走了。但这咸鱼贩子不知是良心过意不去，还是恶作剧，就放了一条咸鱼在网中。打猎的男子回来一看，网中居然有一条鱼！旱地设网，附近又没有水泽，怎么会网到鱼呢？何况还是腌制好的！男子大惊，以为这条咸鱼是神灵，回村告诉了许多人。村民们有病有灾，前来向咸鱼祈祷，居然非常灵验。一传十，十传百，咸鱼神的神迹传遍了远近县城。人们集资给咸鱼神建了一座金碧辉煌的庙宇，还供养了几十名巫师，定期举办法事。方圆数百里的人，都来此烧香祈祷。几年以后，当年那名咸鱼贩子路过此地，看到庙里高高供着的咸鱼，哑然失笑："这不是我的咸鱼吗？哪有什么神？"说着，就把咸鱼拿走了。

《风俗通义》的作者应劭，是曹操的同时代人。

羊毛出在羊身上，修这六百多座祠堂庙宇，当然用的是老百姓的血汗钱。不仅如此，这些庙宇还要定期举办祭祀活动，所以老百姓还要定期上交香火钱。对这些庙宇的实际所有者来讲，这哪里是六百多座祠堂庙宇？这分明就是六百多台自动提款机，日进斗金，财源滚滚。

而且，据说在曹操上任之前的好几任济南国相，上台以后的第一件事情，都是拆庙宇。结果非常奇怪，越拆越多，拆到如今曹操上任，已经变成六百多座。曹操觉得非常奇怪，这是怎么一回事？他上任以后，偏不信这个邪，第一件事情，也是下令：拆除所有非法庙宇，捣毁一切淫祀！

这道命令发出之后，通过济南国健全的文书系统，层层下达，犹如石子儿扔进大海，没有引起任何的回响。曹操的手下，除了磨洋工的，就是推诿扯皮的，就是没有一个人执行命令。曹操这才明白，通过这六百多个淫祀窝点，济南国早就已经形成了一张完整的利益分配网络；济南国的地方官员，也早已成为这张利益网络的一部分。所以要想拆除这些祠堂庙宇，必须首先把济南国的政界重新洗牌。

济南国，就是一个缩小版的汉朝天下。天子下达采风的命令，执行者太尉、司空徇私舞弊；国相曹操下达捣毁淫祀的命令，济南地方官员一样敷衍了事。不过，在汉朝天下，曹操只是一个区区的议郎，无能为力；在济南国，曹操可是堂堂国相，最高长官！

曹操找到了问题的症结所在，毫不迟疑地出台了第二项措施：罢免百分之八十的地方官，给济南国的政界输入新鲜血液！

果然，换上一批新人以后，情况确实得到了改善，六百多座庙很快就被全部捣毁。但是六百多座庙拆毁以后，真正的幕后大老板终于渐渐浮出了水面。原来，济南国的贪官污吏，也只不过是这张利益网络明面上的小角色、小喽啰，他们只是在第一线负责替人收钱的。收了钱以后，他们自己留小头，大头都要往上送，送到京城洛阳，送到中央。送给谁呢？送给真正的幕后大老板，也就是阴魂不散的宦官集团。

曹操的原本想法是：就算没有能力改变天下，至少可以改变局部。在朝廷、在京城，头上有的是大官，无从施展拳脚。那就找个郡国，当个守相，君临一地，造福一方。

到这个时候，曹操才真正明白：原来宦官集团早就已经把他们的触角延伸到了大汉王朝的每一个角落。普天之下，莫非王土。济南国不是济南国相的独立王国，而只是大汉王朝的一部分。要想在地方上小修小补，根本无济于事。以前的想法，根本就是自欺欺人。

曹操这个时候回想自己这么多年来的所作所为：无论是刺杀张让、棒杀权贵，还是上书灵帝、检举贪污，包括现在在济南国的改革，我曹操做过的这么多与宦官的抗争，都只不过是把一滴清水滴进一口酱缸里面，完全不会产生任何的效果，还把自己给染黑了。这是一潭绝望的死水，清风吹不起半点漪沦。

现在曹操斩断了宦官集团在济南国的利益链条，宦官集团肯定不会就此善罢甘休，他们准备拿曹操开刀了。曹操越想越感到后怕，为了自保，也为了不连累家人，干脆炒了皇帝的鱿鱼，主动辞职回家。

这就是曹操三起三落的第二落。曹操这一次绝非一时冲动。恰恰相反，他异常冷静地做出了一个重大决定：隐居二十年。（《三国志》注引《魏武故事》：从此却去二十年，待天下清。）

倘若如此，那么汉末三国的历史一定会少掉一半以上的精彩。历史老人当然不会眼睁睁地放任曹操这么任性。

隐居了，但马上又复出了

曹操这一次回到家乡，做好了长期隐居的准备。反正现在天下大乱，我等他个二十年再出山，估计到时候天下就安定了。所以曹操在家乡谯县的郊外五十里处盖了一所房子，住在其中，谢绝一切社交活动，"秋夏读书，冬春射猎"。夏天、秋天饱览经史，以文化知识武装头脑；春天、冬天驰骋射猎，以体育锻炼强健体魄。人在得意的时候，往往忙得焦头烂额，身不由己；失意之时，才能够充分亲近自我、享受闲暇与自由。此时的曹操，可谓失意之至，却也自由之极。

虽然曹操一门心思想要做个隐士，但是有两个人决定了曹操这个隐士当不成。

第一个人，是曹操的父亲曹嵩。

儿子曹操虽然官场失意，父亲曹嵩却是官场得意。汉灵帝正在卖官鬻爵，偏偏曹嵩这个人什么本事都没有，穷得只剩下钱了。他花了一个亿，买了一顶太尉的帽子，现在贵为三公。曹嵩官运亨通，当然不可能让自己的儿子长期待业在家。

第二个人，就是曹操少年时代的铁哥们儿袁绍。

袁绍在本书中已经很久没出场了。这么多年来，他都在忙些什么呢？服丧。

袁绍虽是四世三公家族的公子哥儿，仕途的坎坷程度却一点都不亚于曹操。袁绍刚刚出来做官，出任濮阳令，意气风发，打算大展宏图，偏偏就赶上他的母亲去世。按照汉朝的规矩，母亲去世了，要辞官服丧三年。汉朝以孝治天下，为了当官而逃避服丧，是严重违礼的不道德行为。袁绍没有办法，只好辞官回家服丧三年。三年期满以后，他决定调整一下走仕途的思路。

本来袁绍起点很高，靠着家里的关系，一参加工作就当上了濮阳令。现在呢，浪费了三年时间，已经落后了。所以袁绍心想：既然已经耽误了三年，不在乎再多耽误三年，干脆给父亲也服个丧吧。父亲很早就去世了，所以又给父亲追服了三年丧。汉代重视孝道，为父追服三年丧，是提升名声、博取眼球的良好方式。袁绍正是想借这样一种方法，抬高自己的名声，提升自己的身价。

六年丧满以后，袁绍搬到首都洛阳居住，也不出来做官，仗着家里有钱，挥金如土，结交各路英雄好汉，甚至暗中收容朝廷的通缉犯。

袁绍这个人，能力很强，野心很大。祖上四世三公，身为名门之后，袁绍深感这种光荣的家族传统不能断在自己手里，也要出来做三公。但是现在天下无道，朝廷黑暗，朝政握在宦官的手里。要想恢复祖上的光荣，必须先想办法铲除宦官。但是宦官集团这么强大，光凭我袁绍一个人，肯定不行。放眼当今天下，谁有势力抗衡宦官呢？只有外戚。

汉灵帝废了宋皇后，两年以后立了何皇后。何皇后的兄长何进是屠夫出身，此时官居大将军，是外戚集团的领袖。袁绍就积极投靠在何进手下，成为大将军府的智囊。要想铲除宦官，人手不够，怎么办？袁绍自然而然想到了他儿时的好朋友，那个足智多谋的曹操。

所以说，树欲静而风不止。曹操原本打算隐居二十年，却因为曹嵩的上下打点和袁绍的暗中相助，不到两年就重出江湖，担任了一名典军校尉，相当于掌管禁军的一个队长。这就是三起三落的第三起。

其实，曹操之所以能够在仕途上屡仆屡起，除了曹嵩和袁绍这样的贵人相助，我觉得还有一个更重要的原因：曹操随时做好了准备。

比如，曹操第一落的时候，受妹夫牵连丢了官回到家乡，并没有自暴自弃，而是刻苦攻读经典。结果呢？汉灵帝要招聘精通学问之人，而曹操"以能明古学，复征拜议郎"，因为学问好，精通古代的经学，所以就应聘做了议郎。当然，我们可以质问：为什么汉灵帝在全天下只招五个议郎，其中刚巧就有一个是曹操？肯定有猫腻，曹家肯定上下打点关系了。的确有这个有可能。但是，个人实力与人情关系，正所谓"关系搭台，实力唱戏"。一个家族的关系，一时之间可以把一个人推到风口浪尖，推到时代的聚光灯下，但是这个人究竟是淹没在时代的洪潮中，还是能够成为时代的弄潮儿，在舞台上唱成名角，那就靠个人实力了。

这一次，曹操虽然扬言要做隐士，但是他"秋夏读书，冬春射猎"，完全没有荒废自己的文武之才，反而精益求精，不断提高自己。所以曹嵩一活动，袁绍一伸手，就把曹操扶上位了。

所以说，机会永远只留给有准备的人。有了曹嵩和袁绍的帮助，暌违四年之后，曹操终于可以再一次进入洛阳城，终于可以底气十足地高调宣布：我曹操又回来了！

上一次进入洛阳城的时候，曹操孤军奋战，以一己之力对抗整个宦官集团；而这一次，曹操不是一个人在战斗。在他的背后，有大将军何进为代表的外戚势力，有司隶校尉袁绍为代表的士大夫集团，还有太尉曹嵩为代表的曹氏家族，有这些势力撑腰，可以说是稳如泰山。

然而，曹操完全没有想到，一次更加惨痛的失败又在前面等待着他。这次，他不但再次丢了官职，而且很快成了一名通缉要犯，亡命江湖。不仅如此，曹操在逃亡途中，还亲手制造了一起灭门惨案。这次失败，成为曹操人生中一个巨大的转折点，也促使他就此走上了一条布满荆棘又饱受非议的人生道路。

第六章
真假捉放曹

史上第一馊主意

曹操第三次被朝廷起用，加盟大将军何进、司隶校尉袁绍的阵营。何进是何皇后的兄长，外戚集团的领袖；袁绍是何进的智囊，士大夫集团的代表。何进与袁绍在宦官集团的压力之下，结成了统一战线。

公元189年，汉灵帝驾崩，汉灵帝和何皇后之子刘辩即位，成了新一任的皇帝。刘辩当时年纪还特别小，按照东汉外戚政治的惯例，何皇后升级成为何太后，临朝听政，掌握了政权；大将军何进自然就成为朝廷之中权势最大的人物之一。袁绍想到，朝廷权力格局的变化，势必引起宦官集团的忌惮，所以诛灭宦官必须提上议事日程，遂多次为何进谋划诛灭宦官之策。

但是，偏偏何进此人是屠夫出身，目光短浅，政治能力有限，更缺乏决断大事的魄力。诛灭宦官这样重大机密之事，他居然屡次进入宫中，与妹妹何太后商量。何太后坚决反对，原因是宦官对何氏有恩。

原来，汉灵帝生前曾宠幸王美人。王美人怀有身孕。何皇后性格强势，嫉妒之下，曾多次买通御医，企图害死王美人母子，以免威胁自己的地位。王美人之子刘协倒是福大命大，顺利出生，王美人却被毒死了。汉灵帝得知此事，勃然大怒，曾打算废黜何皇后。幸亏宦官们为之苦苦求情，方才作罢。

因此，如今的何太后对政治的残酷估计不足，对宦官很有好感。她对何进说："宦官在禁中服侍，这是汉代的规矩，至少也有数百年历史了。你打算把宦官一举铲除，这怎么可能呢？我是一个妇道人家，在宫中有诸多不便，全靠宦官为我上传下达。要是把宦官全杀了，让我直接去和朝堂之上的那群男人打交道，这成何体统？"

何进一听，我妹妹说得也很有道理嘛。出了宫，又来问袁绍："太后不让我杀宦官，你看怎么办？"

这个时候，袁绍就给何进出了一个馊主意。如果要评选汉末三国史上最馊的主意，可能非这个莫属。袁绍说："大将军请放心，软的不行就来硬的。为什么太后不同意呢？因为她看不到现实的威胁。所以您只要下一道命令，让天下各路猛将率领军队来洛阳城兵谏，以'杀宦官，清君侧'为名，用武力威胁太后，说必须把宦官都给杀了，否则我们可就造反了。太后一害怕，准听咱们的。"

何进听谁的话都觉得有道理，现在听了袁绍的，又觉得：你这话讲得也太有道理了。又问："那你看，召集什么人进京呢？"

袁绍说："哪支军队，平时以军纪败坏、好勇斗狠著称，就召谁入京吧。我听说西北有个军阀董卓，性格强悍，屡次违抗朝廷命令，手下的军队混杂了许多羌人，声名狼藉，是一个很好的人选。"

袁绍和何进两个人你一言我一语，说得不亦乐乎，曹操在一边实在听不下去了，"扑哧"一声笑出声来。何进很生气："这么严肃的场合，你怎么能笑呢？解释一下，怎么回事？"

曹操连忙解释。《三国志》注引《魏书》说曹操"闻而笑之曰：阉竖之官，古今宜有"，宦官这个东西，并不是什么新鲜事物，不是到了东汉末年才冷不丁产生的，古往今来哪个朝代没有宦官？所以说宦官本身不是问题。"但世主不当假之权宠，使至于此"，问题的关键在于皇帝不应该让宦官掌握最高权力，以至于发展到了今天这样不可收拾的地步。"既治其罪，当诛元恶，一狱吏足矣，何必纷纷召外将乎？"你今天想要铲除宦官，那只要把宦官的头头脑脑逮捕入狱就可以了，为什么要动用军队呢？

在此，曹操和袁绍产生了严重的分歧。

袁绍认为，宦官就没有一个好东西，野火烧不尽春风吹又生，所以斩草必须要除根；而曹操认为，宦官本身不是问题，问题的关键在于，你不应该让宦官掌握最高权力。既然现在宦官已经掌握了最高权力，那么射人先射马，擒贼先擒王，你只要把掌握最高权力的那几个宦官解决掉就可以了，不能想着赶尽杀绝，以免狗急跳墙。

袁绍认为，目前诛灭宦官集团的难点在于，太后站在了宦官一边。要逼迫太后转变立场，唯有召集董卓这样声名狼藉的地方军官，以"清君侧"为名吓唬太后。这仍是从体制内解决问题的思路。曹操认为，太后不过一介女流，不必理睬，直接派几个狱吏进宫抓捕宦官即可。因为宦官集团虽然声势浩大，爪牙遍布州郡，但强大的是他们的党羽。宦官的首脑既没有武力，软弱不堪；又深居禁宫，与其党羽完全隔离。只要抓了首脑，再考虑分化瓦解其党羽，问题就解决了。

总之一句话，曹操主张把政治问题转化为法律问题，然后通过司法途径来解决，尽量避免搞成一场大规模的流血政变。

最后，曹操还给他们下了一个结论："欲尽诛之，事必宣露，吾见其败也。"你们两个想要偷偷摸摸地把宦官一网打尽，这不可能。动作太大，纸包不住火，早晚要失败。

何进这一次倒是很有主见，在曹操和袁绍之间，奋不顾身地选择了袁绍的馊主意。他给包括董卓在内的天下各路猛将下达命令："抓紧时间，进京兵谏，威胁太后，铲除宦官！"接到何进命令的这些猛将，立刻率领本部人马往京城赶。

且说宦官得知各路军官进京兵谏，吓坏了。他们个个是宫廷斗争的绝顶高手，但对军事斗争实在外行。宦官们商量了半天，决定探一探何进的底牌。他们主动到何府登门谢罪，跪在地上苦苦哀求："我们知道错了，任凭大将军处置！"

袁绍见宦官送上门来，大喜过望，劝何进将他们全部诛杀。何进哪里下得了手？面对宦官如此跪求，他居然不知所措，心也软了下来。他说："各地进京兵谏，就是想杀你们。你们何不自己辞职回老家，保住身家性命呢？"

宦官们点头称是，告辞出门。他们当然知道，绝不能辞职。现在手握大权，至少还能困兽一搏；一旦辞职，只能任人宰割。他们回宫之后，立刻假传何太后旨意，召何进入禁中。汉朝的制度，任何人不得君主召见，是不能入禁中的。何进权力再大，也只能孤身一人进入禁中。

可叹何进在此政治斗争的紧要关头，居然还真的进了禁中。一进禁中，那就是宦官们的天下了。何进被当场拿下。宦官们咬牙切齿，怒骂道："汉家天下搞得如此混乱，难道就完全是我们宦官的责任？禁宫之外，你放眼天下，有几个人是干净的？你为何苦苦缠住我们不放？当年要不是我们说情，何皇后早就被废了，哪有你们何家的今天？你为何恩将仇报？"咒骂之后，将何进杀死，又假传何太后的命令，罢免袁绍的司隶校尉之职。

禁门之外的文书官接到命令，十分疑惑：何进与袁绍关系非常好，何太后为何会下这样的命令呢？不敢执行，问道："请让何大将军出来，让我们问问清楚。"禁门之内，立刻抛出来一颗人头，伴着宦官尖利的喊声："你们要的何将军在这里！"

消息急报何府。袁绍一看何进死了，也急红眼了，也不用搞什么兵谏、集结天下各路猛将、威胁太后了，这些都不搞了，直接率领何进留下的残余人马，杀进宫去，跟宦官展开了一场火拼。

一场火拼下来，有120%的宦官被屠杀。为什么是120%，多出来的20%是怎么回事？《三国志·袁绍传》说："或有无须而误死者，至自发露形体而后得免。"大意是说：何进的残余势力怒火冲天，进去以后不分青红皂白，见到没有胡须、白白净净之人，就一刀砍死。所以有很多冤死刀下之人。有些脑子反应快的，就赶紧脱下裤子，验明正身，这才得以幸免。

最后，张让和几个宦官头子挟持小皇帝逃出宫殿，跑到黄河岸边。眼看江河茫茫，天地间哪里还有容身之处？张让叩头说了句"陛下保重"，转身跃入河中，随着泥沙俱下，葬身鱼腹。

就这样，东汉王朝势力最大的两个政治派系——外戚和宦官，就像两个一辈子作对的武林高手一样，最后互对一掌，同归于尽。

袁绍把一切都搞定以后，董卓来了，率领军队来了。

董卓本来按照何进、袁绍的要求，进入司隶校尉辖区的关中上林苑；后来再次奉令，驻扎洛阳近郊。政变当天夜晚，看到洛阳城中火起，董卓心知机会来了，立刻率军杀入洛阳城，收拾残局。

请神容易送神难，袁绍现在自食苦果了。他原本接管了何进的残余势力，控制了京城武装，正可以号令天下，现在却来了个董卓。袁绍对董卓手下的骄兵悍将颇为忌惮，摸不清他到底带来了多少兵，一时也不敢轻举妄动。

实际上，董卓一共带了三千兵马。以袁绍当时的实力，足以将之驱逐。但董卓用了个计谋，他将这三千兵马，在夜晚偷偷运出城外，白天大摇大摆进城；晚上又偷偷运出城外，白天再大摇大摆进城。如此几次，营造出援兵源源不断到来的假象。然而这个粗糙的诡计，居然同时骗过了袁绍和曹操！

董卓在洛阳城站稳脚跟之后，便废掉少帝刘辩，另立王美人之子刘协为帝，这就是东汉历史上的末代皇帝——汉献帝。废立之际，董卓曾在一次朝会上象征性地征求过袁绍的意思。袁绍以为不可。董卓很恼火，咆哮道："竖子！天下事岂不决我？我今为之，谁敢不从？"袁绍只是淡淡地回了一句："天下健者，岂唯董公？"意思是：我袁绍也是个英雄。说完这番话，袁绍拍拍屁股站起来，冲满面通红的董卓作个长揖，提着佩刀便步出京门而去，挥一挥衣袖，不带走一片云彩。这般英姿，实在是非常潇洒。

袁绍一跑，原先聚集在何进幕府的人才四散星陨，曹操也开始了逃亡生涯。袁绍跑出去以后，以四世三公、汝南袁氏的名义，号召天下各路人马讨伐董卓。而曹操，则在逃亡的过程中，发生了一段非常精彩的故事。这段故事经过《三国演义》的描写，脍炙人口，后来又被改编为家喻户晓的京剧《捉放曹》。

这段逃亡路上扑朔迷离的故事，大概也是中国历史上最富魅力的谜案之一。且让我们拨开历史的重重迷雾，尝试着一步步推理还原出当时的案发现场。

灭门惨案的三个版本

在正式讲述历史之前，我们先来看看小说《三国演义》是怎么讲这个故事的。

董卓废立皇帝之后，飞扬跋扈、胡作非为，搞得洛阳城民不聊生。在这种情况下，有良知的士大夫们逐渐聚拢到司徒王允的身边，曹操也不例外。有一天，曹操受司徒王允的嘱托，拿了一把七星宝刀，想要刺杀董卓。他先假装到董卓家里做客，趁着董卓背对自己，就缓缓地拔出宝刀，想要下手。但是他万万没有想到，董卓虽然背对着自己，却面对着一面镜子。董卓从镜中看到曹操正在背后拔刀，扭过头来大喝一声："你干什么？"

曹操脑子转得飞快，在这千钧一发的关键时刻，灵机一动，顺势拔出宝刀，献了上去，说："我最近得到一口名刀，名曰七星宝刀，特地来呈献给您。"董卓得到了这口宝刀，非常高兴，转手送了曹操一匹马。曹操骑了马，飞奔逃跑。

董卓当时虽然没看出破绽，事后却反应过来了：你这不是来送刀的，你是要杀我呀！给人送刀，哪有一上来不说，趁我背对着你的时候，冷不丁拔出刀来，被我发现了才说送给我的？这不可能！董卓脑子再笨，这时候也明白过来了，立刻下令：在全国范围内画影图形，贴悬赏令，通缉刺客曹操！

董卓反应过来之时，曹操早就逃出了洛阳城，跑到了中牟县的境内。就在此时，悬赏捉拿曹操的通缉令也送到了中牟县。曹操因为形迹可疑、鬼鬼祟祟，被当地人扭送到了县衙门。中牟县的县令名叫陈宫，他屏去左右，私下询问，这才知道曹操孤身行刺的来龙去脉，非常仰慕曹操的为人。所以陈宫白天把曹操抓进来，晚上连夜就放了曹操。不仅如此，陈宫还弃官而去，追随曹操，两个人一起逃跑。

出了中牟县、路过成皋县时，两人又饥又累，人困马乏。曹操说道："此地有一个我父亲曹嵩的结拜兄弟，名叫吕伯奢，是个庄园主。你我二人不妨去他家中住宿一晚，明日再走。"

二人来到吕家，吕伯奢见世侄曹操来了，非常高兴，吩咐家里人设宴款待二人。他自己则骑着一头毛驴，带个酒葫芦，去村中买酒。

到了晚上，曹操突然听到隔壁有磨刀的声音，仔细一听，还有人说："捆起来杀了吧！"曹操此时是惊弓之鸟，非常警惕，深感情况不妙，立刻叫起陈宫，拔出刀剑出门，在吕伯奢的家中见人就杀。除了出去买酒的吕伯奢，曹操、陈宫把吕家八口人全杀了，血流遍地。最后杀到厨房，曹操发现地上捆着一头猪。这个时候，他俩才明白过来："捆起来杀了吧"，说的是这头猪；磨刀，也是预备杀这头猪来款待他们。

杀错人了。曹操和陈宫看了看地狱般的命案现场，没有办法，只好连夜逃跑。逃亡路上，正赶上吕伯奢打完了酒，骑着小毛驴回来，问他俩上哪儿去。曹操索性一不做二不休，再次挥剑，砍死了吕伯奢。陈宫大惊失色，质问道："此前杀人，是出于误会；现在你既已明知错杀，为何还要杀死这位无辜的老翁？"曹操咬牙道："如果我不杀他，他回去看到命案现场，一定报官。你我二人行踪暴露，就会被捉。"紧接着，曹操说出了一句千古名言，为自己辩护："宁教我负天下人，休教天下人负我！"宁可我对不起别人，也不能让别人对不起我！

经历了一头猪引发的血案，陈宫这才彻底认清了曹操的真面目：我原本以为你是个反抗强权的义士，没想到你竟然是个杀人不眨眼的恶魔！当晚同宿之时，陈宫经过剧烈的思想斗争，终于下定决心偷偷离去，与曹操分道扬镳。（参见《三国演义》第四回）

以上就是"捉放曹"的经过。从艺术的角度而言，人物形象鲜明丰满，故事情节一波三折，环环相扣，非常精彩。但是，"捉放曹"的故事是真的吗？应该说，有真有假，接下来就从历史的角度去伪存真。

《三国演义》中"捉放曹"的故事，可以分为三段情节。

第一段情节，刺杀董卓。这段情节，基本出于小说家的虚构。但也不完全是虚构，很有可能是从曹操小时候的游侠经历获得的灵感，原型可能是曹操刺杀张让的故事。

第二段情节，陈宫捉放曹。"捉放曹"的事情是有的，但是人物可能有点出入。历史上，"捉放曹"的男一号当然是曹操，男二号却并不是陈宫，而是一个不知道名字的龙套。

《三国志》注引《魏晋世语》记载：曹操逃到中牟县境内，因为形迹可疑，被当地的一个亭长扭送到县衙门。当时县衙里，已经接到董卓下发全国各地捉拿曹操的通缉令了。县里有个功曹，相当于二把手，劝说县长："大人，如今天下大乱，将来这天下是谁的还不一定呢。咱们也犯不着一心为董卓卖命。我看这曹操也是个英雄，说不定将来比董卓还要牛，干脆把他放了得了，这也算是一个风险投资。他将来牛了，还得报答咱们呢！"曹操就这样被释放了。至于这个功曹到底姓甚名谁，史书上没有记载；而且他就在这儿出现了一次，后来再也没有出场。没有资料表明，这个功曹是陈宫。

另外，还有一个重大区别："捉放曹"和"吕伯奢家灭门惨案"时间顺序搞反了。从地理位置来看，曹操从洛阳出发，一路从西往东逃向陈留，必须先经过成皋县，再经过中牟县。所以在历史上，是先发生成皋县的"吕伯奢家灭门惨案"，再发生中牟县的"捉放曹"。这一点，也可以解释为什么曹操逃到中牟县的时候，会慌慌张张、形迹可疑，还被亭长给抓了起来。原因很简单，当时的曹操，可不仅仅是董卓通缉令上的要犯，还是身负九条人命的杀人凶手！

以上事实都很清楚，最大的疑点在于"捉放曹"故事的核心事件——"吕伯奢家灭门惨案"到底是怎么一回事？

为什么说吕伯奢家灭门惨案是最大的疑点呢？因为汉末三国历史最重要的史料——《三国志》和《后汉书》，对这个案件都没有任何记载。今天关于这起案件所能掌握的一些蛛丝马迹，都来自南朝裴松之为《三国志》所作的注释。裴松之的注释中，一共引用了三位证人和他们的三份证言。但是这三份证言各不相通，互相矛盾。下面，我们就请出三位证人，看看他们分别是怎么说的。

证人一：王沈　证人证言：《魏书》

根据王沈的证词，曹操经过故人吕伯奢家的时候，吕伯奢本人并不在家。而吕伯奢的儿子们见财起意，一看曹操骑了这么好的高头大马，又带了这么多的盘缠，所以组建了一个犯罪团伙，对曹操实施抢劫。曹操被迫无奈，进行正当防卫，把这个犯罪团伙的成员全给杀了。杀完之后，就跑了。值得注意的有两点：第一，这里没说吕伯奢是曹操父亲的朋友，只说是曹操本人的"故人"，不过从吕伯奢的儿子们有杀人能力来看，吕伯奢应该确实是曹操的父执辈；第二，一共杀了几个人，没说。这是第一个版本。

证人二：郭颁　证人证言：《魏晋世语》

郭颁也说：曹操跑到吕家的时候，吕伯奢本人不在家，吕伯奢的五个儿子并没有对曹操实施抢劫，而是热情地款待了他。但是曹操这个人疑心病太重。他觉得：你们对我这么好，是要干吗呢？俗话说得好：无事献殷勤，非奸即盗。你们是不是要谋害我？所以他就拿起屠刀，杀死了吕伯奢家的八口人，然后跑路了。这里有具体的死亡人数。这是第二个版本。

证人三：孙盛　证人证言：《杂记》

孙盛说：曹操在吕伯奢家中留宿，睡到半夜，突然听到隔壁有"食器声"，也就是餐具碰撞的声音。也许很难分清楚这到底是食器声还是兵器声。反正曹操起了疑心，出门杀人。杀完以后，曹操才发现杀错人了，"既而悽怆曰：'宁我负人，毋人负我！'"也就是非常痛苦地说了一句话："宁可我对不起别人，也不能让别人对不起我啊！"说完以后，就跑路了。这里交代了作案动机、误会的缘由，但是没有杀人的过程。这是第三个版本。

一个深夜，数条人命，三份证言，各不相同。到此为止，吕伯奢家灭门惨案变得扑朔迷离。真相只有一个，问题是，哪个才是真相？一桩家喻户晓的灭门惨案，由于文献记载的相互矛盾，成为千古之谜。那么，裴松之所引用的三种记载，到底哪一种更接近历史的真相呢？一千八百多年前的案发现场，究竟发生了什么？曹操杀人的真实动机又是什么呢？对这桩灭门惨案，素以"良史"著称的《三国志》，为何只字不提呢？

迟到一千八百多年的真相

历史真相只有一个，史料记载却歧异错综，这种情况在历史研究之中经常见到。而历史学者要做的事情，就是依据处理史料的基本规则，抽丝剥茧，探索出一个最接近事实真相的结论。

第一步，先把三份证言变成两个说法。

其实仔细审查三份证言，就可以发现：其中第二、第三份证言并不矛盾，而是可以相互补充的；而第一份证言，则与后两份证言无法兼容，必有一假。

王沈的证言一为我们提供了说法A——正当防卫：吕伯奢的家人对曹操实施抢劫，曹操对严重危及人身安全的暴力犯罪采取防卫行为，造成不法侵害人死亡，属于正当防卫，不负刑事责任。

郭颁的证言二和孙盛的证言三可以互相补充，提供了说法B——蓄意杀人：曹操由于主观上的认识错误，误以为存在着一个不法侵害，从而采取了过激的防卫行为，最后造成了非常严重的后果——八个人被杀死。从现代刑法学的理论上来讲，充其量构成假想防卫，主要过错在曹操，应负刑事责任。

实际上，证言二、证言三不是随意合并的。从史料学的角度，证言三是从证言二衍生而来的。

《世说新语》注有云："郭颁，西晋人。时世相近，为《魏晋世语》，事多详核。孙盛之徒皆采以著书。"意思是说：证言二的提供者郭颁是西晋人，距离三国很近。他写了一部书叫《魏晋世语》（又名《晋魏世语》），内容翔实，史料价值很高。孙盛写书时，大量参考了《魏晋世语》。换言之，孙盛是从郭颁那儿听来的。用现代证据学的话说，郭颁的证言属于原始证据，孙盛的证言属于传来证据。

此外，裴松之引用的孙盛《杂记》，全名《魏氏春秋异同》。这部书今天已经亡佚了。不过，北宋类书《太平御览》刚好引用了《魏氏春秋异同》关于"捉放曹"这段记载，正好是裴松之注引郭颁、孙盛两段内容的结合。由此可以证明，以上推测是正确的。

现在，问题已经得到了简化：说法A正当防卫，说法B故意杀人。到底哪一个才是案情的真相呢？

第二步，运用常理进行推断。

在史料不足的情况下，面对互相歧异的史料，运用常理推测，乃是史学的基本方法。这在考据学上，叫作"理证"。以常理推断：

首先，吕伯奢是曹操的老朋友。就算吕伯奢不在家，他的儿子们又怎么会平白无故抢劫曹操呢？吕伯奢好歹也算是成皋县的一个地主，家里也很殷实。为什么他的儿子们都穷疯了，没见过钱，非得抢劫自己父亲的老朋友的财物？这是第一个疑点。其次，就算吕伯奢的儿子们铁了心，非得抢劫曹操，那按照常理应该做好充分的准备。何况，吕伯奢的儿子们是在自己的地盘上主场作战，又组建了一个犯罪团伙，以多敌少。曹操，虽然前文说过，他曾做过游侠，有一定的武艺。但他毕竟是曹操，不是关羽、张飞这样的万人敌，怎么可能在孤身一人、仓促应战的情况下，将一个犯罪团伙干掉，自己却一点事没有，扬长而去？这是第二个疑点。

根据这两个疑点，我认为说法B故意杀人可能更符合事实的真相：是曹操临时起意、蓄意杀人，用宝剑杀死了毫无防备、手无寸铁的吕伯奢全家，而不是吕家集体抢劫而遭遇曹操的反杀。既然如此，那么说法A就是伪造的了。这样一来，就牵出了一个新的问题：为什么王沈的《魏书》要做伪证呢？

第三步，分析一下以上三份证言的性质。

王沈是曹魏的官员，他写《魏书》是奉了曹操的儿子曹丕和孙子曹叡的命令。所以王沈《魏书》的性质，是官修的本朝史。既然如此，他于曹操早年间做过的一些错事，就不可能不有所隐讳，这是中国古代修史的惯例。唐朝的史学家刘知几有一部史学名著，叫作《史通》。《史通》就曾评价王沈的《魏书》"多为时讳，殊非实录"，因为时代的局限，隐瞒了很多事实真相，在一些敏感问题上，可信度并不高。

而反观郭颁和孙盛，这两个人都是晋朝人，晋朝人谈论汉末三国的事情，相对来讲可以少一些顾忌。而且，他们的这两本书，也都是私人著作，言论自由度要高一些，所以敢于大胆地揭发曹操的老底。从史料性质的角度分析，在"捉放曹"这件事情上，郭颁《魏晋世语》、孙盛《魏氏春秋异同》要可靠一些。

最后，我们还可以请出第四位证人：《三国志》的作者陈寿，来做一个旁证。

也许有人要问：《三国志》不是对这起灭门惨案只字未提吗？为什么现在又可以让陈寿来做旁证呢？没错，正是因为《三国志》对这件众说纷纭的事情只字未提、保持沉默，所以才奇怪。有理由相信，陈寿这样的优秀史学家，在写作《三国志》时，肯定对以上两种说法都有所掌握。那么，他为什么却只字未提呢？

原因很简单：《三国志》是西晋作品，而西晋的正当性是通过曹魏皇帝禅让而来的。

在中国古代，王朝的建立形式，主要有革命与禅让两种。革命建立的王朝，必须否定前朝的正当性，才能确立自己的正当性；而禅让建立的王朝，其正当性正来自前朝的正当性。所以，西晋是以曹魏为正统的。陈寿写作《三国志》，得到了西晋皇帝的过问，必须以曹魏为正统，也就必须为尊者讳。

如果曹操像王沈所说的那样，是正当防卫，那么陈寿完全可以大大方方写进《三国志》：一个人灭一个犯罪团伙，这是多么光荣的事情！反过来推，正因为《三国志》对这件事情只字未提、讳莫如深，恰恰可以以此推测吕伯奢家灭门惨案的真相。

根据以上推断，我的判决是：

曹操故意杀人；

陈寿隐瞒事实真相；

王沈作伪证；

郭颁和孙盛所说，才是真相。

经过以上四步，我们可以得出最后的结论：一千八百多年前的一个深夜，成皋县郊外的吕伯奢家，一个凶手正在疯狂地杀戮。当他停下手中的屠刀之时，已经有八具尸体倒在了血泊之中。凶手缓缓转过脸来，借助忽明忽暗的火光映照，我们逐渐看清此人狰狞的面目——这个人，正是曹操。

一刀两断，开始新的生命

吕伯奢家灭门惨案，在中国历史上来讲，是一起不值一提的小案子。在曹操波澜壮阔的一生之中，后人来评价，似乎也不是什么大不了的事情。毕竟曹操一辈子杀过的人太多了，湮灭在历史夹缝之中的吕家八口人，实在算不了什么。

但是，阅读历史不宜开启上帝视角，不宜用"后见之明"，而应采取当事人视角，深入历史人物的心灵，体察他的心路历程。的确，作为后人客观评估，这个案子在曹操的一生中实在是太渺小了；但是对当事人曹操而言，这个案子，这段逃亡生涯，在他的心路历程中，在他的心态史上，必定隐秘地占据了一席之地。

我们只要想一想，曹操当时还很年轻，只有三十五岁，并没有后来那么狠辣，那么老谋深算；而且，这也许是他人生中第一次亲手杀人，尤其是第一次杀害无辜的人，一杀就是九个。这件事情，肯定会成为他埋藏心底的一个秘密，一个禁区。那么，这起灭门惨案，这段逃亡生涯，会对曹操产生什么样的影响呢？

如果把坐标轴拉长，以曹操的整个人生为参照系，我们不难发现：曹操的这一段逃亡生涯，不仅仅是逃出了洛阳城，也逃离了旧体制、旧文化的束缚。

曹操从十五岁进太学、二十岁举孝廉开始，就把命运的把柄交到了别人的手中。当时盛行人物评论，曹操就去讨好各种各样的人物评论家，去为自己挣名气；当时盛行卖官鬻爵，曹操通过家族关系跑官买官，去走一些他自己所不屑的歪门邪道。曹操的命运如何，完全掌握在汉灵帝这样的昏君、何进这样的庸才手中。宦海沉浮、三起三落，从头到尾，曹操都只不过是在旧体制之内随波逐流、委曲求全。

古人云："三十而立。"三十岁以后，一个人要真正地寻找到安身立命的根本所在。这个根本，不仅仅指经济基础，更多的是一种独立的价值理念。

三十五岁的曹操，逃出了洛阳城，也从大汉王朝的旧体制内逃出生天，对自己的未来、自己的人生，有了一种更加清醒、更加独立的认识。

从此以后，他白手起家，用拳头说话，把命运掌握在自己手中，再也不曾假手他人。由此出发，他推翻了旧文化、创造了新体制，最后走向了自己人生的辉煌。所以，可以这么说，曹操在用他手中的屠刀，杀戮那九个无辜生命的同时，也和过去的自己一刀两断，三十而立，浴血重生，开始了新的生命。

曹操逃离了洛阳城，跑到陈留以后，招兵买马，成立了一支五千人的军队。几乎同一时间，在洛阳以东的大地上，先后已经有十几个人发兵反对董卓。这些人聚集到一起，组成一支浩浩荡荡的反董联军，共同推举袁绍担任总盟主。这就是《三国演义》非常热闹的一个著名回目——十八路诸侯讨伐董卓。

一方，是信心满满的正义之师；一方，是恶贯满盈的虎狼之师。究竟是正义战胜邪恶，还是邪恶压倒正义？曹操在这场血与火的洗礼之中，又会有什么样的成长与转变呢？

第七章

徐州复仇记

同床异梦，不如分道扬镳

曹操带着自己的军队加入袁绍领导的反董联军，但很快就后悔了。

这一支声势浩大的正义之师，在盟主袁绍的率领之下，基本上只干两件事情：第一，开会，研究讨论怎么打败董卓，怎么救出皇帝；第二，喝酒，这么多军阀好不容易有一个机会凑在一块儿，抓紧机会沟通感情，增进交流。

曹操对此很不满意，几次三番要求发兵讨伐董卓，但一律被袁绍拒绝。

袁绍既然用反董的旗号成立了联军，为什么不同意打董卓呢？因为袁绍有他自己的小算盘。袁绍觉得：董卓的军队，来自西北边境，是常年在与境外民族的搏杀之中磨炼出来的百战之师。董卓本人，也是颇有武力的名将。联军虽然声势浩大，却是一群乌合之众，真正能带兵、能打仗的，没几个人；手下的士卒，也大多是郡兵县卒，只有维护治安的经验，没有沙场搏命的胆量。真要真刀真枪跟董卓的军队干仗，袁绍心里没底。所以说，袁绍的考虑不在军事方面。

但政治方面，就不一样了。玩政治，不需要真刀真枪，只需要折冲樽俎。

此前，袁绍在洛阳城的表现，天下人有目共睹。他既是大将军何进幕府之中的首席智囊，铲除宦官的头号操盘手，成功驱使二虎相争，一举消灭了为害东汉百年之久的外戚、宦官两大集团；又曾在董卓兵临洛阳之后，不计个人安危，在朝会之上公然顶撞董卓，横刀长揖出洛阳。这一份政治履历，已经树立起袁绍足智多谋、不畏强权的形象。再加上四世三公的名号、反董保皇的旗号，袁绍迅速确立起天下军阀总盟主的地位。

盟主之位的维持、盟主权威的提升，只需要大家一起开会的时候，我袁绍做主席；大家一起喝酒的时候，我袁绍居上座，那就可以了。靠的是社交场合的社交手段，犯不着真刀真枪上战场拼命。所以你曹操要打，那你自己去打，我袁绍绝不会陪你一起犯傻。

曹操一看，袁绍不同意，没有办法，那就自个儿单干吧。他竟然真的带领自己那人少得可怜的军队出征，跟董卓的大军干了一仗。不用说，敌众我寡，兵力对比太悬殊了，打了个败仗，落花流水地回来了。袁绍一看，非常得意：我说什么来着？所以说这仗不能打！继续开会喝酒。

再说董卓在洛阳城，心里也很不好受：十几万的军队驻扎在我周围，打又不打，退又不退，每天就这么虎视眈眈地看着我，这日子还真不好熬。我要是时刻保持高度警惕吧，神经每天这么吊着，实在受不了；我要是放松警惕吧，万一他真的打过来，那就麻烦了。

汉代的核心统治区域，大致可以函谷关为界线，划分为关中、关东两部分。关东以洛阳为核心，是东汉的核心统治区，军队士气高涨，一经袁绍号召，立刻有十几路势力起兵勤王讨董。关中则以长安为核心，是西汉的核心统治区。但东汉末年，战火纷飞，关中残破不堪。东汉开国皇帝刘秀迁都洛阳后，关中逐渐沦为与少数民族拉锯作战的前沿阵地，民风彪悍。董卓就常年对外作战，在关中的基础比较深厚。

现在，董卓面临关东群雄的威胁，干脆放一把火烧了洛阳城，挟持着汉献帝刘协和文武百官做人质，迁都长安，跑回老家去了。

董卓火烧洛阳城、西逃长安，在袁绍看来，当然是联军的重大胜利。但这次胜利，也带来了联军的分裂。

联军本来就是一群乌合之众，同床异梦、各怀鬼胎，因为有董卓这个共同的敌人，才聚集到了一起。现在共同的敌人逃跑，联军一下子失去了目标。没有人想着乘胜追击，大家都在借此机会，努力壮大自己的势力，扩张自己的地盘。所以董卓一跑，联军立刻开始内讧。今天你侵吞我的军队，明天我夺取你的地盘，四分五裂，一盘散沙。

就在这个时候，又发生了两件事情，让曹操彻底认清了袁绍的真面目。

第一件事情，拥立风波。

董卓进京之后，废了少帝刘辩，立刘协为皇帝。袁绍既然反对董卓，从理论上讲，就不应当承认这个伪皇帝的正统性：皇帝在董卓手里，袁绍在政治上会陷于被动。所以董卓迁都之后，袁绍打算调整思路。以前的思路，是讨贼勤王，消灭逆贼董卓，拯救蒙尘的皇帝。现在，袁绍觉得这个皇帝也是董卓立的伪皇帝，没有必要拯救，倒不如自己拥立一个新皇帝，与董卓分庭抗礼。

袁绍看中了一位汉室宗亲，名叫刘虞，当时担任幽州牧，也就是帝国东北疆域的军政长官。此人很有能力，屡任要职，政声很好。袁绍觉得，刘虞比汉献帝强多了，就有了这么一个想法。但他心里也没谱，就来找曹操商量，说："孟德，你看咱们立刘虞做皇帝怎么样呀？我觉得刘虞比那个刘协可强多了。"

曹操严词拒绝。曹操的理由是：汉献帝虽然是董卓所立，但好歹当今天下只有一个皇帝。如果你再立一个刘虞为皇帝，那么老百姓就会不知所从。民心一乱，天下就将陷于分崩离析。更何况，你袁绍现在是天下各路势力的领袖，如果你可以自己立一个皇帝，那么下面的各路势力都会纷纷效尤，一人立一个皇帝。到时候，天下四分五裂、群龙无首，你袁绍就是罪魁祸首！曹操最后放了一句狠话：你如果非要立刘虞为皇帝，那么，"诸君北面，我自西向"，你们走你们的阳关道，去北边的幽州立刘虞做皇帝吧；我过我的独木桥，我独自一人去西边的长安拯救汉献帝刘协。

袁绍见曹操不同意，无可奈何。刘虞本人也不愿意行此犯上作乱之事、被袁绍奉为傀偏，这起拥立风波只能不了了之。

第二件事情，玉玺风波。

袁绍不知从哪儿弄来一块玉玺。有一次，众军阀又聚在一起饮酒，袁绍和曹操正好挨着坐。袁绍一看，四下里没人注意，他就偷偷摸摸地从怀里掏出这块玉玺，用这块玉玺鬼鬼祟祟地去碰曹操的胳膊肘。（"绍又尝得一玉印，于太祖坐中举向其肘。"）

袁绍这么做，是什么意思？玉玺在当时象征着最高权力。袁绍这么做，是在暗示曹操：孟德你看，玉玺在我这儿呢。最高权力尚且在我之手，你何不死心塌地拥戴我，跟着我干？此外，这个举动也许还透露出袁绍的不臣之心。

曹操觉得袁绍这个做法十分猥琐：你自己都知道，你的想法不配拿出来在台面上公开说，只能私下里暗示。我曹操是何许人物？岂能再追随你这种猥琐之徒？

史书上说：曹操当时的表现是"笑而恶焉"。曹操表面上哈哈大笑，用半开玩笑的口吻说："我才不听你的呢。"（"吾不听汝也。"）实际上，内心深处对袁绍产生了厌恶之情。

经过这两次风波，曹操对昔日的大哥袁绍，产生了不同的看法。

曹操少年时代，从沛国谯县的宦官之家走出来，进入京城洛阳的太学。他当时多少有点自卑，觉得自己门第卑微，是个小地方来的乡巴佬，面对诸多清谈雅集、风度翩翩的公卿子弟，难免自惭形秽。尤其见到四世三公之后的袁绍，既"有姿貌威容"，长得帅，又"能折节下士"，亲和力强。更要紧的是，这位新一代的士林领袖，居然与自己年龄相仿，曹操更是佩服得五体投地，赶紧与之交好，奉袁绍为大哥，加入了游侠组织。可以说，在曹操人生的早期，是大哥袁绍领着他见世面，是大哥袁绍带着他混圈子，是大哥袁绍罩着他不受人欺负。

此后二人虽然有聚有散，但只要袁绍一声召唤，无论是进入大将军幕府、铲除宦官，还是起兵关东、共抗董卓，曹操都义无反顾，像极了一个听话的小弟。

但是，随着交往的深入，大哥袁绍的神圣光环也在逐渐褪去。曹操观察到，这位四世三公、名门之后的贵公子，虽然比起普通人，也算有相当的能力与人缘，但是与自己相比，并没有表面看上去那么天差地别、高不可攀。尤其是在何进幕府中，袁绍出的那个馊主意，召唤董卓、威胁太后，被后续发展的事实证明，是完全错误的。如果说那个馊主意，还只能证明袁绍能力平庸，那么此次反董联盟的行动，更彰显出袁绍人品的自私与卑劣。

至此，曹操已经看透了袁绍漂亮的皮囊，直视其中那个卑劣的灵魂。他不再是当年那个初来乍到的太学生。在多年的阅历之后，曹操愈加确证了自己的能力：四世三公的袁绍，没有资格当我曹操的老大；不仅是袁绍，天下之大，没有哪个人够资格令我曹操俯首称臣。我曹操要凭本事自立于天地之间！

所以说，曹操绝非一出生就自信满满、雄心勃勃。他的自信，是在长年累月的阅历中，在与那些空有其表的名公巨卿、纨绔子弟的比较中，逐渐成长起来的。

但是，曹操此时头脑也非常清醒。他知道，袁绍虽然能力平庸，但毕竟家底深厚，账面实力非常雄厚，的确够资格做天下军阀的总盟主。而自己实力还很薄弱，还不到时候和他公开叫板。所以，我现在必须借助他的力量，不能与他公开翻脸。

曹操在和袁绍正式分道扬镳之前，还进行了一番最后的对话。这一次对话，决定了未来十年间华北地区的格局。

袁绍首先问曹操："孟德呀，你要走，我不拦你。但你离开我以后，一个人打算怎么过呀？"

曹操城府很深，他想先了解一下袁绍的想法，所以就反问了一句："你呢？你是怎么想的？"

袁绍其实并不在乎曹操的想法。他只是想要借这个话茬儿，展示自己的雄心壮志。既然曹操如此知趣，领会到了自己的提问意图，袁绍当然乐得和盘托出。袁绍信手一指眼前的大好河山，意气风发地说："我要以黄河为界，先向北边发展，把北方的割据军阀和游牧民族都给收拾了。取得了北方的战马和兵力资源，再挥兵南下，逐鹿中原。这样应该能行吧？"（"吾南据河，北阻燕、代，兼戎狄之众，南向以争天下，庶可以济乎？"《三国志·武帝纪》）

曹操一听，明白了：你要在黄河以北发展，那我就在黄河以南发展吧。总之，我要尽量避免和你过早地起正面冲突。但是曹操没有说实话。曹操说："吾任天下之智力，以道御之，无所不可。"这番话的意思是：我要用"道"来驾驭天下的谋士（智）与武将（力），那就没什么事情办不成了。

曹操这番话，要从两个层面来解读：表层，这番话是虚与委蛇的门面话，用空话应付袁绍的提问，掩藏自己的真实目的；深层，这番话也是大实话，没有停留在具体战略规划的形而下的层面，而到达了一个普通人难以理解、难以企及的形而上的层面。

真正的枭雄，根本不介意吐露心声。因为庸人的耳朵，没有能力听见振聋发聩的黄钟大吕。

果然，袁绍一听，这都什么乱七八糟的，根本听不懂，也就没有放在心上。从此以后，这两个少年时代的好朋友分道扬镳。袁绍和曹操背靠着背，一个向黄河以北发展，一个在中原地区发展。两个人各管一摊，井水不犯河水。

曹操心里清楚：我和袁绍之间早晚要有一场决战，所以现在要赶紧收拾掉自己的对手，为即将到来的大决战做准备。

就在这个时候，噩耗传来，晴天霹雳。在袁绍面前无比冷静和理性的曹操，红着眼睛举起了屠刀。这次，他杀的不是一家九口，而是"数十万人"。

屠刀下的结仇与复仇

公元193年，在徐州、兖州交界处，发生了一起灭门惨案。

被灭的是哪一家呢？曹操家。案发现场是一所大宅院，院子的大门口，躺着曹操的弟弟曹德的尸体，显然是在大门口抵抗歹徒之时，惨遭杀害。庭院里面，到处都是横七竖八的尸体，鲜血淋漓，惨不忍睹。在厕所里，还发现了两具尸体，一个是曹操的老父亲曹嵩，另一个是曹嵩的小妾，双双做了刀下之鬼。

为什么曹操全家会突然之间出现在徐州、兖州的交界处呢？制造这样一起灭门惨案的杀人凶手究竟是谁？凶手的动机又是什么？

前文说过，曹操的老父亲曹嵩通过买官，做到了太尉。后来因为年纪大了，退休以后回到家乡谯县养老。董卓之乱爆发，谯县成了大前方，战乱不断。曹嵩一看：这地方没法养老了，搬家吧。曹嵩选定的地方，是徐州的琅琊郡。琅琊郡远居东方，面朝大海，十分清静，适合养老。捎带说一句，诸葛亮也是琅琊郡人。曹嵩举族搬迁琅琊郡，吹着海风，看着风景，生活惬意。

曹操与袁绍分道扬镳之后，经过自己的打拼，在中原地区拿下了兖州，在军阀混战之中有了一块自己的立足之地。曹操就给父亲写了一封信：父亲大人，你不必再寄人篱下了，到我这儿来吧，你儿子我现在有实力罩着你。

曹嵩收到这封信，非常高兴：我儿子现在果然有出息了！他吩咐家人：变卖田地房产，收拾金银细软，再一次搬家，去兖州投靠我儿子！

曹嵩一共打包了多少东西？根据史书记载：金银财宝，一共装了一百多辆车。曹嵩就携带全家，赶着这一百多车的金银财宝，招摇过市，高高兴兴启程往兖州赶。曹嵩完全没有想到，他已经被人盯上了。盯上他的人，不是山贼，而是徐州牧陶谦的手下。

东汉末年，天下分为十三个州部，每个州的最高军政长官叫州牧。徐州牧陶谦就是其中之一。陶谦的手下，为什么会盯上曹嵩？

根据史书记载，有两种说法。

第一种说法，仇杀。

这是《后汉书·应劭传》的说法。《应劭传》记载：当时曹操正在和陶谦打仗。陶谦当然不是曹操的对手了，被打得落花流水，所以对曹操怀恨在心，心想：你爹不还在我的辖区养老吗？我打不过你，我还打不过你爹吗？《三国志》注引《魏晋世语》记载：当时正好曹嵩搬家，陶谦表面上假模假样安排当地太守应劭领兵护卫曹嵩，暗中却派一支数千人的骑兵连夜奔袭而至。曹嵩还以为是当地太守派来护送的军队，让儿子曹德前去开门，结果就在大门口被当场杀死。这支骑兵进了院子，见人就杀。曹嵩吓坏了，赶紧领着小妾跑到后院，在后院的土围墙上穿了个小洞。曹嵩很有绅士精神，让他的小妾先钻出去。但是这个小妾身材比较丰满，钻不出去，正好乱兵又已杀到。两个人没办法，只好就近躲在厕所里，希望能够侥幸逃过一劫。但最后还是被发现，被乱刀砍死。这支骑兵杀光了曹嵩全家，还抢走了全部的金银珠宝，伪装成一个抢劫杀人的犯罪现场。等太守应劭领着护卫军队真的赶来时，却发现曹嵩全家已被灭门。应劭大惊失色：这要是被曹操和陶谦知道了，我肯定是替罪羊！官也不当了，连忙逃去投奔最强大的军阀袁绍，寻求庇护。这是第一种说法。

第二种说法，劫财。

俗话说得好："匹夫无罪，怀璧其罪。"曹嵩押运着一百多车的金银财宝招摇过市，当然就把贼给吸引来了。根据《后汉书》的记载：陶谦驻扎在此处的一支军队见财起意，把曹嵩全家给杀了。《三国志》注引《吴书》记载又不一样，说：陶谦派了一名军官，率领二百名骑兵，护送曹嵩全家出境。陶谦的想法是：你儿子曹操现在发展势头如此迅猛，万一你在我徐州的地盘上有个三长两短，到时候他找我麻烦，那我可担待不起，所以干脆送佛送到西，派人把你安全地护送出去。

但是，陶谦所托非人，没有考虑护送者的人品问题。走到半路上，这个负责护送的军官实在抵抗不住这一百多车的金银财宝所散发出来的诱人气息。军官心想："我一辈子哪见过这么多财宝？这些钱，我几辈子也花不完呀。我当这个军官，出生入死，不就是为了挣点钱吗？何不劫了这批货，找个天高皇帝远的地方躲起来，从此花天酒地、胡吃海喝，度过这个乱世呢？"所以这个军官就把曹嵩全家给灭门了，然后抢了这一百多辆车的金银财宝就逃跑了，从此下落不明。

那么，曹嵩之死，到底是仇杀还是劫财呢？

应该来讲，劫财的可能性更大，理由有两点。

第一，陶谦没理由杀曹嵩。

《三国志集解》是民国时代的一部注释、研究《三国志》的名作。作者卢弼考证：曹嵩死的时候，曹操和陶谦还在和睦相处，并没有打起来。事实上，是曹嵩死了以后，曹操才发兵攻打陶谦。因此，曹嵩之死是曹操攻打陶谦的导火索，而非反之。不能倒因为果。所以说，所谓"仇杀"的犯罪动机是不成立的。

第二，陶谦没必要杀曹嵩。

《曹操传》作者张作耀先生认为：当时曹操在中原地区发展的势头很迅猛，而陶谦作为一个相对比较弱小的军阀，不可能也没必要主动招惹曹操。就算陶谦铁了心，非要主动招惹曹操，起码事先应该做好充分的战争准备。但是从后面战事发展的情况来看，陶谦方面完全是仓促应战、被动挨打，简直一败涂地。由此反推，陶谦当时主动招惹曹操、主动杀死曹嵩的可能性，微乎其微。

综合以上两点来看，陶谦的部下临时起意，劫财的可能性更大。而陶谦本人，应该是无辜的。但是，曹操却必须把矛头对准陶谦。第一，真凶已经逃跑，无从缉拿；第二，无论如何，案发现场是陶谦的地盘，杀人凶手是陶谦的手下，陶谦本人难辞其咎；第三，更重要的是，陶谦是徐州牧，而拿下徐州早已提上曹操的议事日程，只是一直苦无借口而已。

曹嵩的死讯传来，曹操当即化悲痛为力量，上表天子，认陶谦为杀人元凶，率领三军将士进攻徐州，讨伐陶谦。

这次战役，无论从战事规模，还是从精彩程度，抑或对后世的影响来看，都比不上后来的官渡之战、赤壁之战。但是，徐州之战经常被人们提起，作为反对曹操、批评曹操的一大罪状，甚至可以这样说，曹操在徐州之战犯下了他一生中最严重的罪行。

那么，曹操在徐州之战中，究竟犯下了什么样的罪行？来看一段《后汉书》的记载。

《后汉书》说，曹操刚刚发动战争的时候，势如破竹，一举攻克了十几个城市。后来打到郯城这个地方，陶谦借助援兵刘备的力量，严防死守，终于勉强抵抗住了曹操的进攻。曹操看一时半会儿也打不下来，那就班师吧。就在班师途中，曹操迁怒于无辜的徐州百姓。他指挥军队，展开了一场惨无人道的大屠杀。史书记载："凡杀男女数十万人，鸡犬无余，泗水为之不流。"这段记载的大意是说：曹操的军队一共屠杀了十万以上手无寸铁的老百姓，鸡犬不留，尸体堆积如山，把山东境内的一条大河泗水都给阻断了。

曹操的军队一向军纪严明，他本人此时还不是董卓那样杀人不眨眼的魔头，为什么会突然之间丧失理性，残杀这么多老百姓，给自己的人生留下一个永远无法洗去的污点呢？在他疯狂杀戮的背后，究竟有哪些不为人知的原因？

成就了对手，逼反了队友

曹操搞大屠杀，答案应该是两个字：复仇。

什么叫复仇？甲杀了乙的亲人，乙就要亲手杀死甲，为自己的亲人报仇。但是，在中国古代思想和制度这两个层面上，复仇的问题变得很复杂。

首先看思想。

中国古代的正统思想是儒家思想。与一般人印象中温文尔雅的印象不同，儒家提倡复仇，尤其是在汉代盛行的《春秋公羊传》（以下简称《公羊传》），提倡复"九世之仇"：如果甲国第一代国君杀了乙国第一代国君，乙国第二代国君暂时无力复仇，没有关系。今天中国有句俗话，叫"君子报仇，十年不晚"，而《公羊传》甚至认为：君子报仇，九世不晚。乙国可以慢慢积累力量，一代人做不成的事情，可以由九代人去完成。等乙国第九代国君，国力反超甲国了，那就可以消灭甲国，为第一代国君复仇。时隔九代，尚且可以复仇，应该说这是一个非常激烈的观念。但值得注意的是，《公羊传》认为："九世之仇"仅限于国与国之间的仇怨。因为国仇的对象是一个国家政权，而非具体某个有生命长度的个人。如果是个人之间的仇恨，只能随着个体生命的消失而结束，一般是不能迁怒于子孙的。

儒家的复仇观念，是分层次等级的。依据复仇者与受害者关系的亲疏不同，分为若干等级：如果是堂兄弟的仇，要由他的亲兄弟去报。自己作为堂兄弟，不必为首，只要拿着兵器，跟在后面，以壮声势即可。如果是亲兄弟的仇，绝不容许仇人与自己出现在一个国家，必杀之而后快。如果是父母之仇，那就是最重的仇恨。在儒家伦理之中，父母是最亲、最尊之人。正所谓"父母之仇，不共戴天"，不能与杀父杀母的仇人，生活在同一片蓝天之下。一旦父母被杀，作为孝子，应当放弃自己的一切生活，以复仇为人生的第一要务。孝子睡的是干草，枕的是盾牌，时刻准备手刃仇人。万一遇到仇人时，没有携带兵器，不能返回取兵器，必须立刻上前，徒手搏斗，直到杀死对方为止。

这是儒家思想非常血性的一面。中国自古以来，正是凭借"复仇"观念，屡次对抗外来侵略，至死方休，绝不妥协。而东汉时代，因为实行举孝廉的制度，实践孝道可以获取朝廷的官职利禄，"复仇"正是以夸张的形式实践孝道的最佳途径。因此，东汉一朝的复仇之风格外盛行。

再来看制度。

从制度层面来讲，国家法律一般是不允许私自复仇的。如果甲杀了乙的父亲，乙杀甲复仇，甲的儿子再杀乙复仇……子子孙孙无穷尽，冤冤相报何时了。这不仅严重威胁治安秩序，而且有损国法威严。国家法律要维持秩序，当然不允许私自复仇。有何冤仇，可以报到官府，官府会替你做主，将杀人凶手绳之以法，你不要亲自动手。这是当时的制度规定。

思想观念，提倡亲自复仇，手刃仇人；法律制度，严禁民间私自复仇。思想和制度之间存在矛盾，无法协调。所以在东汉时期，往往会出现这样的情况：国家法律既然明令禁止复仇，司法实践中就先按照法律，判复仇者死刑；再根据舆论，申请特赦，赦免复仇者。

在这样的情况下，复仇之风愈演愈烈，甚至发展到了这样的一个极端：人人都以复仇为荣，以不能手刃仇人、不能亲手复仇为耻；就连过度复仇，都会得到社会舆论的赞扬。举一个例子：汉灵帝时期的苏不韦杀人事件。

东汉末年，有一个少年名叫苏不韦。他的父亲犯了很轻的罪，落在司隶校尉李暠的手中。李暠以前与苏父有过节，此时便公报私仇，借这个机会对苏不韦的父亲严刑拷打，将其打死在牢狱之中。

苏不韦当时才十八岁。他没有选择上报官府，而是在时代风气的影响下，选择了私自复仇。有一天半夜三更，苏不韦挖通了一条地道闯进李暠的卧室。也是李暠命大，刚好起床上厕所去了。苏不韦进了卧室，发现李暠不在，只有他的老婆、孩子躺在床上睡觉。苏不韦手起刀落，把这两个无辜的人全都杀死。

又有一次，苏不韦刨开李暠父亲的坟墓，把尸体从坟墓中拖出来，砍下人头，扔到闹市示众，旁边还竖一块牌子，写着：这是李暠父亲的人头。

儒家有一条大义，记载在《公羊传》之中，叫作"恶恶止其身"。憎恨一个坏人，报复一个坏人，只能报复到他本人，不能殃及无辜。前文所说"九世之仇"，是国家与国家之间的仇怨。个人之间的仇怨，不能超越人身。

苏不韦的复仇行为，明显违背了这条大义，属于过度复仇。但是，他的做法却得到了当时舆论的一致宽容和赞扬，就连朝廷也在不久之后赦免了他的死罪。

由此可见，在舆论与司法实践的鼓励下，东汉末年的复仇文化已经走上了一条畸形发展的道路。正常的复仇，叫作同态复仇，所谓"以牙还牙，以眼还眼"，你怎么害我的，我就怎么对付你。而东汉末年提倡过度复仇：反正杀父之仇不共戴天，无论怎么报复都不过分，你杀我一个，我灭你全家。

正是在这样一种非理性的、变态的法律文化土壤之上，曹操才以大屠杀的形式为他的父亲复仇。在真正的杀人凶手已经劫了财宝逃跑、实在无从寻找，陶谦本人防守又做得比较好、无从讨伐的情况之下，曹操"恨乌及屋"，连徐州的老百姓都不肯放过，将之当作了泄愤的对象。但是，这样一种不合理的观念，并不能为曹操的罪行辩护，公道自在人心。

为报家仇，曹操大开杀戒，几十万百姓无辜丧命。这次疯狂杀戮，不仅给曹操的人生留下一个永远洗不掉的污点，也给他的王图霸业带来了终身无法消除的严重危机。具体来讲，曹操的暴行，给他带来了两点不利的影响。

第一，成就了他的对手。

袁绍没有资格充当曹操的对手。奸雄曹操终其一生的对手，是枭雄刘备。曹操说过："放眼当今天下，能够担得起'英雄'二字的，只有你我二人。"在东汉末年的天下，刘备始终以反抗曹操为旗帜，聚集了各路反曹的力量，成就了自己的功业。

刘备，据他自己说是汉室宗亲，但其实亲属关系非常遥远。他是汉景帝的子孙，中山靖王的后代。到东汉末年，皇室血统早已稀释得可以忽略不计了。

《三国演义》塑造了很多经典人物，也深刻影响了现代人对三国人物的认知。《三国演义》对许多历史人物，都有不同程度的改编。我认为，改编程度最严重的，当数刘备。《三国演义》中的刘备，是一个仁人君子，道德宽厚，成天哭哭啼啼。实际上，当时的有识之士，最常形容刘备的一个词语是"枭雄"。何谓枭？枭的本义，是猫头鹰。传说老猫头鹰孵化出一窝小猫头鹰之后，精力耗尽，无力捕食猎物喂养幼鸟，只好用鸟喙叼着一根树枝，身体自然下垂。幼鸟就啄食母鸟的身体，直到吃得只剩一个脑袋，孤零零挂在树枝上。所以，"枭"的字形，就是一个鸟头挂在树枝上。

刘备就是和"枭"一样的狠角色。他出身贫苦，早年曾经以编织草席、贩卖草鞋为生。《三国志》记载，刘备不喜欢读书。他喜欢飞鹰走狗，喜欢听刺激的音乐，喜欢穿华丽的衣服。但是他为了出人头地，曾经拜在汉末大儒卢植门下读书。读书并没有改变他的本性，只是为他增添了一层儒雅的外表。刘备早年曾经做过县令。上级派一名督邮到县里视察。督邮想要索取贿赂。刘备勃然大怒，冲入督邮休息的旅馆房间，揪着他的头发拉出门外，将他捆绑在一棵大树上，举起鞭子，狠狠抽打了一百多下，甚至动了杀心。在督邮苦苦求饶之下，刘备才收敛杀心，将县令的大印挂在督邮脖子上，扬长而去。《三国演义》作者觉得此事不利于塑造刘备仁义的形象，就移花接木，将这件事情安插在张飞身上。实际上，这事是刘备干的。这就是刘备，拔刀就敢杀人的一世枭雄。

刘备在汉末群雄之中，实力最为单弱，先后投奔过很多军阀。但他每寄生在一个军阀的羽翼之下，都会迅速吸收对方的实力，乃至反噬对方。陶谦的徐州、刘表的荆州、刘璋的益州，都是这样被刘备拿下的。刘备就像幼小的枭鸟一样，善于反噬寄生的母体。这应该是时人将刘备称为"枭雄"的深层意义。

这只弱小的枭鸟，居然懂得以"仁义"为幌子，从枭雄转变为仁君，正是拜曹操所赐。

曹操进行徐州大屠杀时，刘备官居平原相，寂寂无闻，实力很弱。陶谦被曹操打急了，病急乱投医，向天下各路军阀广发求救信：谁能帮帮我，可怜可怜徐州百姓！天下军阀只当没听见，没人应急。只有刘备，虽然势孤力单，却二话不说就来了。刘备不仅来了，而且居然帮助陶谦在郯城抵挡住了曹操的进攻。不久以后，陶谦因为年纪老迈，又担惊受怕，一命呜呼。临死之前，他把徐州当作一份谢礼，送给了刘备。

刘备成功的秘诀是什么？不妨听听他自己是怎么说的。

刘备后来总结自己成功的秘诀："操以急，吾以宽；操以暴，吾以仁"，"每与操反，事乃可成耳"。曹操过于严厉，我就宽缓一些；曹操过于残暴，我就仁义一点。反正每件事都和曹操反着来，这就是我刘备成功的秘诀。

刘备在徐州之战以前，摸爬滚打十几年，始终不得要领，最终只混到一个有名无实的平原相，手下只有一千多杂兵，地盘小得可怜。但在徐州之战中，他尝到了对抗曹操的甜头，得到了启发，认清了自己的定位。曹操曾以反抗宦官、反抗董卓、反抗袁绍为定位，最终成就了今日的霸业。但是正如尼采《善与恶的彼岸》所谓，"与恶龙缠斗既久，自身亦将成为恶龙"，曾经以反抗强暴著称的曹操，自己也蜕变成为施加于平民头上的强暴。刘备终其一生，以反抗曹操为号召，居然得以与曹操鼎足而立，这不是偶然的。徐州之战，就是枭雄刘备披上仁义外衣、竖起反抗曹操大旗的起点。

不仅如此，我们还要记得：曹操向徐州高高举起屠刀、重重砍下，刘备奋不顾身挡在徐州百姓面前、抵御曹操之时，在徐州的琅琊郡，有一位十四岁的少年，目睹曹操的残暴与刘备的仁德。他迫于徐州战乱的局势，不得已追随叔父背井离乡，远迁荆州，隐居于襄阳城郊外的隆中。十三年后，这位少年长成了"容貌甚伟"的文武全才，在隆中草庐之中，静静等候刘备的到来，与他携手共同对抗横暴的曹操。这位少年，就是诸葛亮。

第二，逼反了他的队友陈宫。

前文讲过，历史上的陈宫，并不是"捉放曹"的男二号；实际上，他是曹操早年间的一位得力助手、左膀右臂。当初，兖州的长官战死，兖州无主。正是陈宫为之游说，令曹操不费一兵一卒，轻而易举获取了这块立足之地。此次曹操出征徐州，陈宫就负责留守兖州。曹操在前方大屠杀，陈宫在兖州感到无比寒心，深悔自己认错了主公。他此时的心态，应该和《三国演义》虚构的陈宫看到曹操屠杀吕伯奢时的心境一模一样。正好在这个时候，有一个不速之客从长安千里迢迢跑到兖州来了。陈宫就趁此机会背叛了曹操，把兖州这块曹操的大后方、唯一的根据地，拱手送给了这个不速之客。

曹操一次非理性的暴怒，成就了对手，逼反了队友。十余年辛勤的奋斗成果，一夜之间化为乌有。

第八章

挟天子

啃骨头的落魄皇帝

当曹操在徐州为父复仇进行大屠杀时，有一位不速之客从长安远道而来，在陈宫的协助之下，轻而易举夺取了兖州，令曹操无家可归。

这位不速之客，就是吕布。

读过《三国演义》的人，都应该知道吕布。历史上的吕布，虽然未必是天下第一的勇将，但也具有非凡的武艺。《三国志·吕布传》说他精通骑射，力量过人，有"虎虎之勇"，号称"飞将"。"飞将"是西汉名将李广的外号。吕布能与他同享这份名誉，可见确实是一位兼具力量与技巧的不世猛将。

吕布原来是并州刺史丁原的爱将。何进采纳袁绍的馊主意，号召天下各路猛将进洛阳威胁何太后，丁原也是被召集的猛将之一。董卓据有洛阳，同样握有重兵的丁原就成了他的威胁。结果董卓收买吕布，杀死丁原，吞并了丁原的军队。董卓看重吕布的武力，吕布欣羡董卓的权力，二人遂结为义父子。

不过，董卓与吕布都不是什么善茬儿。父子的伦理面纱之下，隐藏着背理逆伦的裂痕。

董卓脾气暴躁，对吕布非打即骂，有一次甚至拿起一把手戟对着吕布就扔了过去。幸亏吕布身手敏捷，躲得快，免于一死。吕布当然也不是多么忠心的保镖，他与董卓的侍妾长期保持着不正当的男女关系。这个侍妾，就是《三国演义》中美女貂蝉的原型。

所以说，吕布对董卓又恨又怕。

司徒王允一直在找机会铲除董卓。王允敏锐地观察到：董卓和吕布这对父子关系，看似牢不可破，实则出现了裂痕，有机可乘。王允当机立断，找到吕布，说："你看咱们联手灭了你干爹，怎么样？"

这要是去问一般人"咱们联手灭了你干爹怎么样"，正常的反应肯定是：你敢灭我干爹？我先灭了你！但是吕布的反应很暧昧，他说："我们毕竟是父子啊，这恐怕不合适吧？"王允一听，有戏，赶紧提醒吕布："你姓吕，他姓董，这算哪门子的父子关系？更何况，他当初拿手戟扔你的时候，拿你当儿子了吗？"这话一说出来，吕布就不再犹豫了。更何况，他心中更担心的是万一被董卓发现自己和其侍妾私通之事，那就不是拿手戟扔我了。所以吕布决定：与王允合作，一不做二不休，把董卓给做掉算了。杀了干爹，他的侍妾可就全归我了。

这样一来，王允就和吕布联手，发动了一场政变，杀死了董卓。声势浩大的关东联军没有干成的事情，吕布干成了。

按理来讲，王允铲除了董卓，正是中兴汉室的大好机会。但是王允这个人，心胸非常狭隘。他有能力铲除董卓，却没有能力平定董卓之乱。举个例子。当时有一位名满天下的大学问家，叫蔡邕。有一次，王允和蔡邕二人坐着聊天，聊到董卓之死。王允当时刚刚除掉董卓，很得意，到处跟人炫耀。别人一听王允提到董卓之死，当然要拍王允的马屁，说你中兴汉室、再造乾坤，你是汉朝的第一功臣。没想到，王允和蔡邕聊到董卓之死，蔡邕不但没有拍马屁，反而叹了一口气。为什么呢？因为董卓虽然是个乱臣贼子，但是他非常尊敬蔡邕，对蔡邕有知遇之恩。蔡邕当然知道董卓不是什么好人，不能说他好话；但无论如何，这个人再坏，也毕竟是自己的恩主。当初董卓在位之时，人人拍他马屁；如今董卓一死，人人落井下石。蔡邕觉得，这样不厚道。所以他虽然不便多说，但是叹了一口气。

一个人权势煊赫之际，对他摇一次头；一个人声名狼藉之时，为他叹一口气。两者都需要纯粹的良心，莫大的勇气。

王允听到蔡邕叹气，一下子就火了，跳起来指着蔡邕的鼻子就骂："董卓是汉朝的国贼，国家差点儿亡在他手里。今天董卓死了，普天同庆，你居然敢不高兴？"立刻下令把蔡邕关起来，并且吩咐法官，要判他死罪。

蔡邕在狱中恳求王允："你在我脸上刺字，要不把我脚砍了，都没关系，千万别杀我。为什么呢？不是我怕死，因为我正在写一部史书，是东汉的历史，还没写完。希望你饶我一命，让我写完书再死。"

王允坚决不同意。他说："当初汉武帝就是不够心狠手辣，没杀司马迁，所以司马迁写《史记》诋毁汉武帝；我今天要是放过蔡邕，那在蔡邕的这本历史书中，还不一定把我王允写成什么样呢！"所以就把蔡邕给杀了。中国古代有文字狱的传统。一般的文字狱，是你说了不该说的话，写了不该写的文章，朝廷把你抓起来杀了；王允杀蔡邕，是为了防止你写不该写的东西，先把你杀了再说。这是中国古代政治非常阴暗的一面。

所以王允这样一个人，当然不可能真正安定汉朝的江山社稷。董卓死时，他的党羽在外打仗，这才被王允和吕布钻了空子。现在，董卓死了，他的残党群龙无首，感到害怕，派人与王允沟通，请求和解。王允居然拒绝，并要解散他们的军队。董卓残党明白，军队一旦解散，必死无疑。他们一咬牙，联手杀回长安，居然获得成功，把王允抓起来处死了，将汉献帝和文武百官都扣押为人质。

吕布仗着一身高超的武艺，孤身一人杀出长安，辗转多方，最终流落到了兖州。此时曹操正好身在徐州，后方空虚。镇守兖州的陈宫又对曹操的屠杀行径感到寒心，于是将兖州拱手送给吕布。

曹操得到消息，后院着火，也不搞大屠杀了，放下屠刀，立刻赶回来杀一个回马枪，抢夺兖州。吕布当然不给，双方混战起来。按下不表。

且回头说留在长安的汉献帝刘协。当时董卓的余党，为首的有两个人，一个叫李傕，一个叫郭汜。这两个人联起手来处死了王允，赶跑了吕布，然后就分成两派，开始内讧。郭汜这一派劫持了文武百官做人质：我的人质数量多，你看这济济一堂全是人质。李傕这一派劫持了汉献帝刘协做人质：你数量多算什么，我的人质质量高，一个顶你一百个。两个人谁也不服谁，互相打仗。

一般的犯罪分子劫持了人质，希望通过人质来索要赎金，所以生怕人质有个三长两短，提前死了，讹不成钱，总是好吃好喝地养着。李傕却不是这样。李傕劫持了汉献帝，完全让他自生自灭。不用说别的，汉献帝贵为天子，连吃饭都成问题，经常吃了上顿没下顿。

有一天，汉献帝实在饿得受不了了，再一看他身旁的宫女、侍卫，个个都是面黄肌瘦，饿得两眼直冒金星。汉献帝忍无可忍，发了一道诏书给李傕："朕饿了，要吃东西。麻烦李将军给朕送五斛米和五具牛骨头来。"五斛米，换算成今天的计量单位，是一两百斤米，并不多。为什么要牛骨头，不要牛肉？这个比较费解。难道是因为汉献帝好这一口，肉吃腻了，就爱啃骨头？不是。因为汉献帝知道，要牛肉，李傕肯定不会给，他要留着自己吃。所以我干脆知趣一点，主动要牛骨头算了。牛骨头上多少有点残留的肉，可以啃了吃；剩下的骨头，还能炖汤喝。

堂堂一代天子，发诏书向自己的大臣讨骨头吃，可怜到这个份儿上。更可怜的是，就连这点儿要求都得不到满足。李傕收到诏书一看：你居然还敢向我要米？你要米干什么？你个米虫，吃了我这么多米，你还要米！

他对汉献帝派来的人说："朝餔上饭，何用米为？"汉代一般吃两顿饭，早上一顿，傍晚一顿。李傕的意思是：现在还没到吃饭的时间呢，你要米干什么？不给。哦，还要五具牛骨，这个要求倒是可以考虑满足。

李傕派人去厨房一看，正好有一批牛骨。当时是夏天，牛身上的肉都已经吃完了，剩下的骨头放在那儿，时间久了，发臭了，打算扔掉。李傕说："干吗扔掉呢？皇上管我要牛骨头，送去吧。"就把这批臭牛骨给汉献帝送了过去。

由此可见，一方面，汉献帝在李傕、郭汜的手中过的是水深火热的生活；另一方面，无论是李傕还是郭汜，都没有认识到汉献帝的真正价值所在，都不把他当人看。

有人不识货，没关系，识货的大有人在。

价值连城的米虫

最早发现汉献帝价值的，有两个人：一个是袁绍的谋士，一个是曹操的谋士。

袁绍的谋士，是沮授。沮授是袁绍的智囊，他听说了长安的情况，立刻给袁绍献了一条计策，叫作"挟天子而令诸侯，蓄士马以讨不庭"。他请求袁绍：把天子从长安接到咱们的大本营邺城，这样一来，我们可以向天下发号施令，有谁敢不听咱们的，咱们就打谁。

曹操的谋士，是毛玠。几乎与沮授同一时间，他针对长安的变局，劝说曹操："奉天子以令不臣。"这和沮授的意思大同小异。

为什么沮授和毛玠都要劝自己的主公抢天子呢？在李傕、郭汜的眼里，一文不值的"米虫"汉献帝，为什么在沮授和毛玠的眼里，反而奇货可居、价值连城呢？因为沮授和毛玠抢的其实不是汉献帝，而是合法性。

中国古代政治生活的根本大法，是礼法。礼法可以论证一个人的合法性，使之名正言顺；也可以否决一个人的合法性，使之身败名裂。礼法的威力，虽然无形，却胜于斧钺。为什么董卓手握那么大的权力，却仍不敢废掉皇帝、自立为王？为什么后来的曹操三分天下有其二，却不敢取代汉朝？董卓不怕关东数十万联军的武力，曹操不怕孙权、刘备的军队。他们顾忌的，都是无形的礼法之威；他们渴求的，都是礼法赋予的合法性。他们深知，如果没有礼法赋予的合法性而贸然称帝，看似巩固的江山将雪崩冰裂，自己也将被牢牢钉死在历史的耻辱柱上，永世不得超生。

谁能理解礼法，体会到礼法那无影无形却严于斧钺的威力，谁就能看懂中国古代的政治。

礼法[1]的合法性，分为四层。

第一，天命合法性。

今天政治的合法性，来自民众。但古代君主的合法性，归根结底来自天。后面三层合法性，也是天命合法性的不同表现形式。天，照理来讲是默默无言的，所以只能借助德行、器物、程序为载体。不过，古人认为，天有时候也会直接表露意志。其途径，就是各种天变和神迹。

比如，西汉开国皇帝刘邦，他出身贫民，没有任何高贵的血统。他为自己营造合法性的方式，就是假托神迹。传说刘邦的母亲有一次午睡，一条蛟龙盘在了她的身上。第二天，刘母就怀孕了，后来就生了刘邦。刘邦这么对外宣传，倒不是为了给他爸戴绿帽子，而是自我宣称：我是天命所归，我是真命天子，我生下来就是要做皇帝的！除此之外，《二十四史》史不绝书的种种祥瑞，例如黄龙、凤凰、神雀、嘉禾（一株禾苗长出多个稻穗），都是天命合法性的表现形式。

第二，德行合法性。

1　关于礼法，我的老师俞荣根教授有精深的研究。此处的论述，就是参考了俞老师的研究成果。

光有天命不行，哪个做皇帝的不会伪造天命？任何一个人都可以说我的母亲也碰上了一条蛟龙。口说无凭，在那个没有摄影摄像技术的年代，无图无真相。德行合法性，比天命合法性可靠得多。早在春秋时代，就有人说过："国将兴，听于民；将亡，听于神。"（《左传》）如果一个国家，君主成天捣鼓神神鬼鬼的东西，热衷于假造天命合法性的神迹，那这个国家多半要完蛋了；如果君主能够顺应民心、致力于提升自身德行，那么这个国家多半要兴盛发达。所以作为一名君主，首先必须自身的道德品质端正，其次要爱民如子，赢得老百姓的爱戴，这就叫德行合法性。汉末的刘备以仁德著称，在其他军阀热衷于抢钱、杀人的情况下，俨如一股清流，赢得了众多百姓的追随，这就是德行合法性的魅力。

第三，器物合法性。

有一些特定的东西，本身就象征着权力和天命。谁能得到，谁就具有相应的合法性。最典型的，莫过于传国玉玺。传国玉玺的前身，是战国时代最著名的宝玉——和氏璧。秦始皇统一天下，得到了和氏璧，派能工巧匠将之雕刻成了一块玉玺，命令他的丞相，也是当时著名的书法大师李斯写了"受命于天，既寿永昌"八个篆字，刻在玺上。这块玉玺代代相传，秦朝灭亡了西汉用，西汉灭亡了东汉用。前后传了几十个皇帝，被赋予了一定的神圣性。后来董卓之乱，这块玉玺掉在了洛阳的一口井里，被一个军阀孙坚打捞到了。当时有人就预言：孙家将来肯定要出天子。不管是不是迷信，反正孙家的号召力借着这块玉玺大大地增强了。果然，到了孙坚的儿子孙权的时代，建立吴国，三分天下有其一。这其中，就有器物合法性的力量。

第四，程序合法性。

以上三个合法性都是虚的。天命、器物，人人都可以伪造。而德行呢？也可以伪装。一个缺德的人，可以伪装成一个有德的人，而且可以伪装得比有德的人更有德。只有程序合法性，才是最靠谱的。

什么叫程序合法性呢？在中国古代的政治与法律长期演进的过程中，形成了一整套的礼法制度和权力分配的原则。谁能够按照这套制度与原则行事，那就具有相应的合法性。如果违背，那就是僭越，就是非法，天下人人得而诛之。在这套制度与原则之中，日常政治生活的最高权力来源，就是天子。这里的天子，不是具体某一个人，而是一个抽象的概念，所以与具体某个天子有没有实权没有关系。哪怕是汉献帝这样的傀儡皇帝，在应然的观念之中，也是最高权力的象征。

所以在这种情况之下，谁能够拥有天子，谁就可以占据四大合法性的制高点。

但是这个天子，你也得会用。你不能像李傕、郭汜那样，让汉献帝连饭都吃不上。一个破衣烂衫的天子，带着一群满面菜色的大臣，远远看去像个丐帮帮主一样。天子一点体面都没有，一点尊严都没有，生活在水深火热之中。这种情况下，如果李傕、郭汜声称要"挟天子以令诸侯"，这不可能。其他人不但不会听他的，反而要齐心协力联起手来，想方设法把这个天子从他的魔爪之下拯救出来。所以说，李傕、郭汜不是挟天子的合适人选，袁绍和曹操才是。

那么，袁绍和曹操，谁会捷足先登呢？

按理来讲，袁绍的条件要好得多。一来袁绍当时实力雄厚，二来曹操正忙着和吕布混战，泥菩萨过江自身难保，根本腾不出手来和袁绍争夺天子。

但是，沮授提出这个计划以后，几乎遭到了袁绍手下的一致反对。袁绍的手下为什么反对？他们提出两点理由。

第一，"挟天子"不方便。

你挟的这不是一般人，你挟的可是天子啊！天子是最高权力的象征。天子说一，你敢说二吗？天子说往东，你敢往西吗？你把这样一个人弄到家里来供着，到底是你挟天子啊，还是天子挟你啊？

第二，"挟天子"没用。

袁绍的谋士们认为，汉朝这块金字招牌，经过了那么多年的风吹雨打，早就烂透了，丧失号召力了。现在的局面，就好像秦朝末年，"秦失其鹿，天下共逐之"，谁有实力谁就称帝，你"挟天子"干什么？这不是多此一举吗？

　　袁绍本人也不想"挟天子"。袁绍总觉得：汉献帝是董卓立的，根不正苗不红。我之前还认为他是一个伪政权，还曾经想要立刘虞为天子呢。现在我如果态度一百八十度大转弯，把汉献帝请到家里来供着，岂不是自己打自己的嘴巴吗？再说了，我袁绍迟早是要自己做皇帝的，到时候我拿这个汉献帝怎么办呢？杀了吧，不合适；废了吧，不合适；让他做太上皇吧，年龄上也不合适。所以干脆我就别给自己找麻烦，别"挟天子"了。

　　袁绍就这样白白地浪费了一次大好的机会。

　　曹操呢？他虽然当时正在和吕布打得不可开交，但还是忙里偷闲，派了一个使者跑到长安去向汉献帝示好，表明忠心。汉献帝接见了曹操的使者，受宠若惊，激动得热泪盈眶：也就是你曹操，还把朕当个皇帝，这里的人都不把朕当人啊！汉献帝一高兴，下了一道诏书，任命曹操为兖州牧。

　　此前曹操虽然已经在军事上实际占领了兖州，但是没有名分，所以各地军阀都对兖州虎视眈眈，想要抢这块肥肉，比如吕布就来染指。现在，曹操成了汉朝正式任命的兖州牧，兖州唯一的名正言顺的主人。这样一来，曹操占领兖州就是合法的，别人占领兖州就是非法的，在政治上、合法性上，就高出了别人一头。

　　曹操接到了这道诏书，非常高兴，暗暗下定决心：我一定要把汉献帝接到身边，每天让他给我下各种各样的诏书，赏给我各种各样的名分！

　　回头再说汉献帝，他在长安实在是待不下去了。自从接见了曹操的使者，汉献帝就决定逃回洛阳：毕竟关东地区还有人惦记着朕。

　　好在李傕、郭汜对汉献帝的看管也不严，完全让他自生自灭。汉献帝就带着一群大臣，历经艰难险阻，逃回了洛阳。就在这个时候，曹操正好打败了吕布，重新夺回了自己的根据地。他一看：天子居然自己跑到洛阳来了，那我曹操还不得近水楼台先得月？

曹操当即派了一支军队去迎接天子，并说："皇上您看，洛阳城已经没法待了。经过当年董卓的一把大火，这里的亭台楼阁早已化作袅袅青烟随风散去。您不如到我的大本营许县来，我那里建设得特别繁华，可以让您找到一种家的感觉，宾至如归，包您满意。"汉献帝哪里做得了主？他只能被曹操的军队从洛阳接到了许县。到此为止，曹操"挟天子"的计划初步成功。

曹操成功了，袁绍后悔了。

避免低级错误，不给对手机会

当时人对袁绍的评价是"迟重少决，失在后机"，简单来讲三个字：反应慢。曹操"挟天子"以后，袁绍终于反应过来了，肠子都悔青了。

他厚着脸皮派人来跟曹操商量："孟德啊，其实供养天子是你我大家共同应尽的义务，怎么能让你一个人承担呢？你一个人承担这么大的义务，那开销得多大呀？要不这样，你把天子搬到鄄城来，咱们两个一起负责这笔开销，我袁绍承担一半，怎么样？"

鄄城是袁绍和曹操两大势力之间的一个中间地带。袁绍不好意思直说"你干脆把天子给我得了"，所以想找一个中间地带先过渡一下。当然，你要是愿意直接给我，那更好。

曹操又不傻，他当然不干。不但如此，曹操还想试一下"挟天子"的威力。新货刚到手，还没拆包装，从来没用过，不知道好不好用，不妨抓住这个机会试一下。所以曹操就以天子的名义给袁绍下了一道诏书，谴责他："朕当初落难的时候，你干吗去啦？现在朕已经被曹操救出来了，你又来凑什么热闹？"

袁绍接到这份诏书，吓坏了，诚惶诚恐，赶紧找几个文笔好的写手，写了一封很长的信替自己辩护，言辞非常恳切。这封信当然交不到汉献帝手里，只能交到曹操手里。曹操看着这封信，心里面那叫一个痛快呀！但是曹操的头脑也很清醒，他知道：现在我还不够实力跟袁绍公开翻脸，所以调戏他一下也就算了。我打了他一巴掌，还得给他一块糖吃，大棒加萝卜才最有效。所以曹操又借汉献帝的名义，再一次给袁绍发了一道诏书，说：朕原谅你了，你也不必自责了。朕就封你做个大将军吧！这样一来，算是暂时把袁绍这一头给稳住了。

为什么袁绍得对曹操这样言听计从？前面说过，天子是当时至高合法性的象征。谁挟持了天子，谁自然就拥有这种合法性。即使袁绍明知这些诏书是谁的意思，也不得不咬牙接受。曹操这一出"挟天子"的阳谋，可谓是光明正大，却也防无可防。

既然汉献帝这么好用，曹操就要保证汉献帝乖乖做自己的傀儡。为此，他做了两件事情。

第一件事情，对汉献帝进行军事监管。

当初李傕、郭汜两个，就是因为对汉献帝看管不严，所以才让汉献帝逃了出来，逃到了曹操的手上。现在曹操当然不会犯这样的低级错误。所以曹操派了一支七百人的军队，把行宫给团团围住，名义上是负责汉献帝的安全，实际上就是把汉献帝给软禁了起来。

第二件事情，清除政敌。

汉献帝不是孤身一人来许县的，跟着他的还有一批文武大臣。这些人跟随汉献帝走南闯北，从洛阳搬到长安，又从长安跑回洛阳，再从洛阳到许县，可以说个个都是久经考验，对汉朝忠心耿耿的铁杆忠臣。这些人的存在，对曹操来讲是一个潜在的威胁，所以曹操要拿他们开刀。汉朝最高的官职就是三公，曹操决定先拿三公开刀，杀鸡儆猴。曹操让汉献帝下一道诏书，把三公之中的太尉和司空都给罢免了，同时杀了几个不服从自己的官员。这样一来，算是暂时消除了隐患。

最大的隐患，其实是汉献帝本人。

汉献帝刚来曹操这里的时候，有吃有喝，衣暖饭饱，比在长安的时候舒服多了。但是时间一久，他就不甘心做傀儡了。汉献帝手写了一道诏书，缝在衣服里面，托人带出皇宫，联络了朝廷内外的几个忠臣，要他们一起发动政变推翻曹操。这就是中国历史上著名的"衣带诏"。那么汉献帝联络的这几个人究竟是谁？"衣带诏"事件为什么最后以失败而告终？

第九章

衣带诏

傀儡皇帝的绝地反击

在讲汉献帝的绝地反击之前，不妨先介绍一下这位在三国故事中总是作为背景人物的傀儡皇帝。

汉献帝名叫刘协，是汉灵帝的儿子。刘协，可以说是中国历史上最苦命的皇帝之一了，早在他还没出生的时候就已经开始受苦。当年刘协的母亲王美人刚刚怀孕，就大量服用堕胎药，想要把肚子里的这个胎儿打掉。

俗话说："虎毒不食子。"王美人为什么要忍心打掉胎儿呢？

因为汉灵帝的皇后，也就是何进的妹妹何皇后，嫉妒心非常强。她生怕别的妃子给汉灵帝生个儿子，将来母凭子贵，威胁她的皇后地位。史称王美人"聪敏有才明，能书会计"，不仅智略过人，而且具有相当的文化知识。她预见到何皇后可能的加害，所以瞒着汉灵帝，主动把孩子打掉，企图以此来表明自己的态度：我不想和你争皇后的宝座，你也别来害我。

没想到，这个胎儿生命力异常顽强，吃了多少堕胎药下去都不管用，王美人的肚子还是一天天大起来，最后刘协就顺利出生了。何皇后得知王美人生了个儿子，果然勃然大怒，派人把王美人毒死了。刘协命苦，刚出生就没了娘。

到了刘协九岁那年，董卓进京，立刘协为皇帝。从这时候起，刘协开始了他漫长的傀儡皇帝的生涯。先是给董卓做傀儡，众所周知，董卓非常残暴，所以刘协在他手上过的是水深火热的日子；好不容易盼到董卓被铲除了，没过上几天好日子，就给李傕、郭汜做傀儡；千辛万苦从李傕、郭汜的魔爪之下逃了出来，逃回了洛阳，又被接到许县，继续给曹操做傀儡。将来曹操死了以后，还要接着给曹操的儿子曹丕做大半年的傀儡，这才算是光荣下岗。

傀儡皇帝，在一般人的印象中，是昏庸、懦弱、无能的代名词。汉献帝却完全不是这样。恰恰相反，汉献帝继承了母亲的优良基因，有头脑、有能力、有志气，又饱经磨难，完全有资格成为一名杰出的君主。

举一个例子。当年汉献帝还在李傕、郭汜手上的时候，长安闹饥荒，物价飞涨，一百斤大米要卖五十多万钱。这笔钱，在汉灵帝时代都可以买个小官了。老百姓买不起吃的，民间发生了人吃人的惨剧。当时汉献帝才十四岁，他下诏：开仓放粮，派官员侯汶，用国库里的粮食煮粥给老百姓喝。但是这个赈灾行动好像没什么效果，还是不断地有老百姓饿死的消息传来。

汉献帝亲自质问侯汶："这是怎么回事？"侯汶诉苦："陛下，狼多肉少，国库那点粮食完全是杯水车薪，实在不够分的。"汉献帝派人取来五升大米，他亲自做粥，一共做了满满三大盂——盂是当时一种盛放液体的容器，容积很大。汉献帝做完这个实验，质问侯汶："五升大米可以做满满三大盂的粥，国库里那么多大米，可以做多少粥？这么多粥，可以救多少百姓？为什么还有那么多老百姓饿死？"在汉献帝精确的计算面前，侯汶面红耳赤，无言以对。汉献帝这才下令，将侯汶痛打五十大板。

从这件事情可以看出，汉献帝比他的两个前任，那一对昏君活宝汉桓帝和汉灵帝实在是强太多了。军阀袁术曾评价汉献帝："圣主聪睿，有周成之质。"意思是说：皇帝聪明过人，天资与开创西周盛世的周成王近似。东晋人袁山松撰写东汉史，更是高度评价汉献帝：天性仁慈，智商过人，又经历了自古帝王未曾经历的磨难，理应成为一代明君，却可惜生不逢时。

像汉献帝这样一个有头脑、有能力、有志气的皇帝，不可能任人摆布，甘心做曹操的傀儡。

曹操把汉献帝接到许县以后，进行了严格的军事监管，派一支七百人的队伍把皇宫团团包围，把汉献帝软禁了起来。这个做法引起了汉献帝的强烈不满，他决定向曹操表明自己作为一个天子的威严。

有一次，曹操有事来见汉献帝。他刚刚进入皇宫，就发现气氛不对。整个皇宫气氛非常肃穆凝重。汉献帝也跟平时不一样，表情非常严肃。听完奏事之后，汉献帝冷冷地给曹操丢下一句话："君若能相辅，则厚；不尔，幸垂恩相舍。"你要是能够辅佐我，那再好不过；你要是不愿意辅佐我，那希望你不要做得太过分了。天子对臣子说出这样的话，看似姿态很低，实则分量很重，可以看作汉献帝对曹操的严重警告。曹操听到这话，吓得汗流浃背、面如土色，低着头夹着尾巴，灰溜溜地跑了出来。

曹操也算是见过大场面的人，枪林弹雨都不怕，为什么被汉献帝一句话吓成这样呢？因为汉朝有一项规矩："三公领兵朝见，令虎贲执刃挟之。"（《后汉书·伏皇后纪》）像曹操这种级别的大官，带领军队来朝见皇帝，军队首先要留在皇宫外面，不能进去，只能由曹操独自一个人进去。进宫的时候，曹操身后还要跟两个武士，手执兵刃，押着他一路进来见皇帝。这是什么意思呢？这个制度其实就是在警告曹操留在外面的军队：你们不要轻举妄动，你们的主子在我们的手上，所以你们不要妄图对皇帝不利。

《三国志》注引《世语》描述得更细致："三公领兵入见，皆交戟叉颈而前。"两个武士一人拿一柄戟，交叉在曹操的脖子后面，押着他往前走。如果曹操跟汉献帝聊得很不愉快，汉献帝使个眼色：弄死吧，不要了。武士把戟一合拢，曹操的脑袋就落地了。所以曹操被汉献帝说了这么几句话，吓得大汗淋漓，从皇宫里出来的时候，面色煞白，整个衣服都湿透了。

曹操从这次警告中，当然吸取了教训。他吸取的教训，不是良心发现，觉得自己确实做得太过分了，以后要对汉献帝尊重一点儿。曹操吸取的教训是：这个场面太吓人了，以后我再也不会亲自来见你了。

经过这次事件，曹操下令：加强对汉献帝的监控力度。

汉献帝一看，警告没有收到应有的效果，只好另谋出路。根据史书记载，汉献帝找了一个人帮忙，这个人名叫董承。

董承，以前是董卓的部下，是一名久经沙场的战将。当年汉献帝能够从长安城逃出来，逃到洛阳城，一路上保驾护航的，就是董承。所以说，这个人也是一个能征善战的狠角色。而且当时董承的女儿已经是汉献帝的一个妃子董贵人了，所以董承从身份上来讲，又是汉献帝的岳父。再有一点，董承当时手里有一支军队，这支军队不隶属于曹操，是董承当年自己从长安带到洛阳，又从洛阳带到许县的一支嫡系部队。这支军队虽然人数不多，但只听命于董承本人。所以说，汉献帝想要找个人发动兵变推翻曹操，董承确实是最佳人选。

但问题在于，皇宫内外到处都是曹操的眼线，时刻监控着汉献帝的一举一动。处于严密监视之下，形同傀儡的汉献帝应该怎么把这层意思传达给董承呢？

排除定时炸弹再动手

《三国演义》说：汉献帝把董承召进皇宫，赐给他一条腰带，并且语重心长地对他说："你回家好好欣赏一下这条腰带，千万不要辜负了朕的一片心意啊！"董承一听，皇上这是话里有话啊！回家以后，就仔细地观察这条腰带，发现针脚是新缝上去的。董承拆开针脚，发现腰带之内藏着一块白绢，抖开一看，上面写着一封血书，是汉献帝咬破了手指头写上去的。大意是要董承想办法发动兵变，推翻曹操。这就是历史上著名的"衣带诏"。

那么，衣带诏是小说家的艺术虚构，还是历史上实有其事呢？应该说，疑雾重重。

史书中唯一写到衣带诏的，是《三国志·先主传》，也就是刘备的传记。《先主传》说："董承辞受帝衣带中密诏，当诛曹公。"董承对刘备说：我得到了皇上写在衣带里面的密诏，让咱们杀曹操。辞，就是言辞，刘备听董承这么说的，他也没有亲眼看到衣带诏的原件。所以到底有没有这么个东西，不知道。这是一个孤证。

但是，汉献帝企图利用董承来抗衡曹操，这一点应该是真的。

公元199年，汉献帝独自下了一道诏书，没有通过曹操。这道诏书封董承为车骑将军。这道诏书有什么意义呢？曹操当时的官职，是"行车骑将军"，"行"就是"代理"的意思。代理车骑将军，临时的。董承做了正式的车骑将军，就意味着曹操不再担任军职。从理论上来讲，董承可以拥有更大的兵权。

董承做了车骑将军以后，就开始紧锣密鼓地着手准备发动军事政变。那么董承找了哪些人来帮忙呢？

头一个帮手，就是刘备。

刘备为什么会出现在许县？前文讲过，曹操进攻徐州，陶谦请刘备帮忙抵抗曹操。不久陶谦病死，就把徐州送给了刘备。再往后，曹操和吕布争夺兖州，获得胜利。吕布丢了兖州，无路可逃，就把刘备的徐州给拿下了。刘备觉得敌人的敌人就是朋友，我虽然之前和曹操打过仗，但是我们俩是不打不相识。现在吕布是我和曹操的共同敌人，我不如投奔曹操，共同对付吕布。所以刘备投奔曹操，双雄联手，灭了吕布。

现在刘备虽然暂时寄居在曹操的阵营之中，却算不上是曹操的人。董承想要找人帮忙反曹，实现衣带诏，刘备是一个非常合适的人选。除了刘备，董承还联络了几个汉朝的军官，打算到时候一起动手。

董承的这些小动作，曹操不可能一点儿都不知道。中国有句俗话："说曹操，曹操就到。"这句话不是说曹操是世界上速度最快的人，你一提到曹操，曹操"嗖"地一下，瞬间移动，就出现了。这句话，其实说的是曹操这个人眼线众多，擅长搞特务政治。任何人只要一说曹操的坏话，谋划对曹操不利的行动，曹操立马就会知道，立刻就会采取行动。汉献帝封董承为车骑将军，对曹操来讲，就是一个非常危险的信号。在这样敏感的时刻，又来了一个刘备，那当然是曹操重点关注的对象。

根据史书记载，曹操派特务专门跟踪刘备，每天观察刘备的一举一动，看看他下班回家以后都干些什么。刘备也不是吃素的，他也是一个权谋高手。刘备知道，曹操肯定派人跟着他，所以收敛起枭雄的气质，装成一副人畜无害的模样，谢绝一切社交活动，每天下班回到家就关上大门，在院子里种菜。种什么菜呢？根据史书记载，种的是芜菁，也就是俗话说的大头菜。曹操派来的特务就每天跑来看刘备种大头菜，回去报告大头菜的种植和生长过程。

曹操终于忍不住了：我每天听你汇报这些，我还不如自己去看植物百科全书呢。算了，你给我把刘备找来吃饭，我自己当面跟他聊一聊吧，看看他到底是个什么想法。

刘备奉命前来赴宴，二人觥筹交错，谈笑风生。相谈正欢，曹操冷不丁放下碗筷，指着刘备，说："我看当今天下，只有你我二人可以算得上是英雄。"说罢，眯起细目，饶有兴致地观察刘备的反应。

刘备当时正一手拿着勺子，一手拿着筷子埋头吃饭，毫无防备。突然听到曹操这话，刘备心中一惊：我每日闭门不出，韬光养晦，装扮得像个菜农，你却冷不丁指我为英雄，难道你掌握了什么信息？大惊之下，"当嘟"一声响,筷子和勺子都掉在了地上。就在这个紧要关头,《华阳国志》记载,刘备掉筷子之时,天上正好炸了一个响雷。刘备反应极快,借此机会赶紧拍着胸口说:"吓死我了,吓死我了!"就这样,把曹操给糊弄过去了。

刘备在曹操面前虽然没有露出马脚,但是曹操对刘备还是不放心。这个人留在身边,就是一颗定时炸弹,指不定什么时候就爆炸了,得想个办法把他支出去。刚好这个时候,南方有一个军阀袁术,也就是袁绍的弟弟,经过曹操多次军事打击,实在是混不下去了,想要北上投靠兄长袁绍。曹操借此机会,派刘备去堵截袁术。刘备出来以后,做贼心虚,哪还敢回曹操那儿去!他重新占领了徐州,宣布反对曹操。这是后话。

安全解除了刘备这颗定时炸弹,曹操立刻把矛头瞄准了董承。

董承受汉献帝所托,联络刘备等人,准备发动兵变推翻曹操,解救汉献帝。然而在曹操严密的军事监控下,一切密谋都无所遁形。刘备更是迫于曹操的压力遁走徐州。接下来,曹操展开了一场针对皇室的清洗行动,所有涉案的皇亲国戚全部被杀。那么,曹操为何要对汉献帝如此心狠手辣呢?

不给对手留后路

公元200年,曹操把董承等几个人全都抓了起来,宣布他们要谋反,判了死罪,夷三族,也就是满门杀绝。

董承的女儿董贵人,是汉献帝的妃子,也在抄斩之列。当时董贵人已经怀有身孕,汉献帝向曹操苦苦哀求:"能不能给朕留个血脉?"曹操说:"给你留血脉干什么?将来学赵氏孤儿复仇吗?"当即催促士兵将董贵人拖出去,连带胎儿,一起杀死。

董承案之后，又发生了伏皇后案。

汉献帝的皇后，名叫伏寿。公元200年，董贵人怀着身孕被曹操杀死，这个场景对伏皇后刺激很大，她感到非常恐惧，无可依靠。忧伤恐惧之下，伏皇后给自己的父亲伏完写了一封密信，一来哭诉曹操的凶残，二来希望父亲能够设法铲除曹操，救汉献帝脱离苦海。

伏完哪有这个本事？董承好歹还算是个身经百战的将军，手中还有军队，尚且被曹操满门抄斩。伏完虽然也是汉献帝的老丈人，但是他一来无拳无勇，孤身一人，二来又没有统兵作战的经验和能力。所以伏完看完信也就算了，明知自己的女儿处境危险，也只好打落了牙齿往肚里咽，除了暗自祷告，别无他法，并没有采取任何行动。公元209年，伏完去世，把这个秘密带进了棺材里。

公元214年，也就是伏皇后给父亲写信的十四年以后，不知为什么，曹操得知了这件事情。

根据《三国志》注引《献帝春秋》的说法，伏完看完这封信以后，就转手交给了自己的妻弟来保管，这个妻弟又向曹操告密。但是这个说法有一点说不通，就是为什么在公元200年伏皇后写的信，到了公元214年，十四年以后才案发？为什么曹操当时不下手呢？

根据《曹操传》作者张作耀先生的猜测，在伏皇后案发的前一年，曹操将三个女儿嫁给汉献帝做妃子。此事是历史上有记载的。曹操说：我杀了你一个老婆，那很不好意思，赔你三个吧！就把他的三个女儿嫁给了汉献帝，实际上是起到一个监视的作用。巧得很，转过年来，伏皇后就案发了。所以很有可能是曹操的女儿告的密。这也是一种说法。

真相究竟如何，今天已经不得而知了。不管怎么样，总之曹操派人前来捉拿伏皇后。

伏皇后知道大事不妙，性命难保，但她仍抱着最后的一丝侥幸心理，躲了起来。当时皇宫之中有一堵墙，墙内是空心的，有一个夹层。伏皇后就躲进了这堵墙中。结果曹操派来的人砸开墙壁，揪着伏皇后的头发把她拖了出来，一路拉着就往外走。伏皇后被人揪着头发蛮横拖拽，一路跌跌撞撞经过汉献帝身边的时候，她向她生命中最重要的这个男人，发出了最后绝望的哀求："不能复相活邪？"你就不能再想办法救救我吗？汉献帝也非常无奈地回了她一句话："我亦不知命在何时。"我都不知道自己什么时候死，保护不了你。

伏皇后被废以后，打入了冷宫，很快就被暗杀。具体是怎么死的，没人知道。伏皇后的家人，全族一百多口人死于非命。伏皇后给汉献帝生的两个儿子，也都被毒死。伏皇后被抓走的那天，汉献帝对曹操派来的人说了一句话："天下宁有是邪？"天底下有这样的事情吗？谁也没有见过这样的事情，堂堂一个大汉天子，连保护自己心爱的人的能力都没有，妃子怀着身孕被杀死，皇后被人揪着头发抓走，丈人被杀，儿子被毒死，还要接受仇人的三个女儿嫁给自己做妻子。刘宋王朝的末代皇帝临死之前曾经许过这样一个愿望："愿我生生世世，再也不要出生在帝王家！"我想，汉献帝肯定也有同样的愿望。

插句题外话。伏皇后死后，曹操立刻将自己其中一个女儿扶正，成为皇后。六年以后，曹操病死。曹皇后的兄长曹丕完成汉魏禅让，成为皇帝。曹丕向这位妹妹索要传国玉玺，已经被废黜的曹皇后，不知真情流露还是表演，涕泪横流地将玉玺扔在地下，哭着说："老天不会保佑你的！"果然，六年后，曹皇后亲眼看到兄长病死。又过了八年，夫君、废帝刘协病逝。又过了五年，曹皇后亲眼看到侄子魏明帝曹睿病死。又过了十年，曹皇后亲眼看到司马懿发动政变，控制政权，将她的侄孙曹芳控制在手中，变成一如他夫君般的傀儡皇帝。又过了五年，曹皇后亲眼看到傀儡曹芳像自己昔日的夫君一样试图发动政变夺回权力，却被司马懿的长子司马师废掉，改立曹髦为帝。又过了六年，曹皇后亲眼看到另一个侄孙曹髦发动兵变试图推翻司马氏不成，被司马懿的次子司马昭当场杀害。此后不到一个月，饱览曹魏兴衰的曹皇后，终于病死。虽然史书没有任何记载，但千载之下，我们完全可以想见这位女子临终的满腹感慨。

所谓新鲜事，不过是生命过于短促，来不及看到历史的重复。以曹皇后这样的生命长度来观察，必将得出与《圣经·传道书》一致的结论："已有的事，后必再有；已行的事，后必再行。日光之下，并无新事。"

话说回来。为什么曹操要对汉献帝这么心狠手辣呢？首先必须承认，这是曹操性格阴暗面的一个体现。曹操的性格有两大特征：

第一，非常多疑。曹操由于经历很多，经常遇到各种各样的危险，所以就形成了一种极度缺乏安全感的性格。在这种情况之下，他就很容易多疑。别人有一点点可能对他不利的举动，他就会产生非常强烈的受迫害心理，并做出过激的反应。

第二，做事非常绝，不给敌人留后路。因此他能够斩尽杀绝，心狠手辣。我们应该看到，曹操对待汉献帝的种种做法，是违背基本的伦理道德的，是应该予以否定的。

但是，从曹操的自身经历和当时的形势来理解，他也有不得不这样做的理由。

第一，曹操对汉朝皇帝的不信任，决定了他不可能给汉献帝自由。

前文讲过，汉桓帝和汉灵帝都是一代昏君。曹操青年时代三起三落，已经对辅佐中央、辅佐天子彻底绝望。现在曹操好不容易拥有了自己的事业，他绝不可能把这份事业拱手让给汉献帝，自己去扮演一个辅政大臣的角色。汉献帝对曹操而言，只不过是一个工具而已。

第二，"奉天子以令不臣"这个计划，决定了曹操要牢牢地控制汉献帝。

曹操听从毛玠的建议，已经把"奉天子以令不臣"确立为其集团的基本战略方针。在这个计划中，汉献帝不可能有自己的人格。汉献帝和曹操的人格是混同的，是高度一致的。曹操不可能让世人看到汉献帝和自己之间存在着裂痕和矛盾，否则将成为天下人攻击自己的口实。所以，曹操必须牢牢地控制住汉献帝。

第三，当时军阀割据、天下四分五裂的局面，决定了曹操必须控制汉献帝。

曹操说过：如果天下没有我曹操，不知道要有多少人称王称霸。为什么各路军阀不敢称王称霸呢？如果曹操手上没有汉献帝，那么有枪就是草头王，谁都可以过一把皇帝瘾；现在曹操手上有汉献帝，谁要再敢自己称帝，那就没有合法性，就是非法的，天下人人得而诛之。为了不让国家彻底陷入分裂，为了让天下起码保持名义上的统一，曹操必须严格控制住汉献帝。

当然我这么说，并不是要为曹操做辩护。有人说，照你这么说，曹操杀汉献帝的老婆、孩子、老丈人，倒还杀对了？不是这个意思。我只是试图还原出曹操当时的处境和心境。至于他这样做对不对，那是另一个问题，每个人都可以有自己的判断。我始终觉得，读历史，理解比褒贬更重要。起码，理解一个人，是评价他的前提。

至于功耶、罪耶，历史上已经争论了一千多年，也还将永无止境地争论下去。这正是历史的魅力所在。

奉天子以令不臣，让曹操在军阀割据的汉朝末年异军突起，占据了合法性的制高点，收到了非常好的效果。但是，无论曹操怎么挟天子以令诸侯，有一个军阀始终不听曹操的命令。而且，就在董承案发的这一年——公元200年，这个军阀正式向曹操宣战，给曹操带来了人生中最大的挑战。

第十章

官渡斗法

为争天下，反目成仇

曹操奉天子以令不臣，在群雄割据的东汉末年异军突起，占据了合法性的制高点。但是，有一个军阀不吃曹操这一套：你曹操奉天子以令不臣，"令"得动别人，"令"不动我。究竟是哪一个军阀这么大牌呢？

袁绍。

《三国演义》把袁绍刻画成了一个废物，这是不符合史实的。东汉末年，有资格参与逐鹿中原的军阀有很多，经过非常残酷的拼杀，最后只有两个人胜出，就连刘备、孙权都没有资格跻身其中。刘备一直流窜各地，根本没有实力逐鹿中原，一直都在被别人追逐；孙权偏安江东，守着他的一亩三分地，没有参与逐鹿中原。所以逐鹿中原的军阀之中，真正胜出的只有两个人，一个是曹操，另一个就是袁绍。

公元190年，讨伐董卓失败以后，袁绍和曹操正式分手。他俩约好，袁绍向黄河以北发展，曹操在黄河以南发展。当时，幽州军阀公孙瓒、徐州军阀陶谦、淮南军阀袁术，为了共同压制袁、曹双雄，形成了一个包围圈。袁绍、曹操背靠着背，凭着少年游侠时代的默契，将这些敌人一一击败。这段"蜜月期"长达十年。虽然在此期间，两个人也闹过一些小小的不愉快，但是友好的战略合作关系还是占据了主流。二人之间的最大裂痕，应当是从"挟天子"问题开始的。

长久以来，袁绍一直将曹操视为自己的小弟。无论游侠时代、大将军幕府时代还是反董联盟时代，袁绍都愿意带着这个机灵的小弟一起玩。虽然反董联盟破散之后，二人分道扬镳，但袁绍内心仍然觉得，曹操是自己统一天下的助手而非对手。曹操占据兖州，袁绍给予了相当的助力。吕布夺取兖州令曹操无家可归，袁绍也曾对曹操伸出橄榄枝，询问他是否愿意投靠自己、是否需要支援。直到这个昔日的小弟突然迎纳天子，占据了合法性的制高点，站到了比自己更高的位置，袁绍才明白：此人的志向绝不小，早晚有一天将成为我夺取天下的拦路石！

袁绍花了十年时间，消灭了当时北方最彪悍、最能打的军阀——人称"白马将军"的公孙瓒，坐拥青、幽、并、冀四个大州，带甲数十万，成了当时天下排名第一的大军阀。而曹操，也在这十年期间先后收拾掉了陶谦、吕布、袁术，拥有了问鼎中原的实力。

到了公元200年，袁绍统一了黄河以北，曹操也基本上摆平了黄河以南。同床异梦的蜜月期结束，袁绍和曹操终于公开翻脸。这两个人终于由当年背靠背的盟友关系，转变为现在面对面的敌对关系。俗话说得好，天无二日，民无二主，一山不容二虎。袁绍为了能够实现夺取天下的梦想，终于决定要向他昔日的盟友、今日的劲敌——曹操，下手了。

袁绍率领十万大军南下，正式向曹操宣战。这就是中国历史上著名的官渡之战。这一年，四十五岁的曹操面挟风霜之色，隔河望着屯驻黎阳的四十七岁的袁绍和他的军队，忍不住感慨万千。他仍然清晰地记得，就在十年之前，两个意气风发的男人，为了拯救天下苍生、解黎民于倒悬，毅然发起了讨伐董卓的壮举。十年之前，我们是朋友，还可以问候；十年之后，我们是对手，只能够决斗。

终于还是到了这一天啊。

官渡之战，从兵力对比来讲，袁绍一方有十万大军，曹操只有两万人左右，袁绍占有压倒性的优势。但是，一场战役的胜负，不是简单的算术题，不是人多就可以赢，双方还要斗智、斗勇、斗法。那么袁、曹双方是怎样进行斗法的呢？曹操是如何运用权谋弥补兵力的不足，最后实现大逆转的呢？

关羽叛逃事件

下面，我们就回到位于今天河南许昌北边的官渡古战场，通过三个案例，重新认识惊心动魄的官渡斗法。

案例一，关羽叛逃事件。

关羽是三国人物之中知名度最高的一位，民间俗称关公、关二爷。在今天，世界各地只要有华人的地方，就有关公文化、关公崇拜。在古代，中国每个县都有一座文庙，祭祀文圣人孔子；而只要有井水的地方，就会有武庙，祭祀武圣人关公。

为什么中国人会去崇拜东汉末年的一个失败的、被斩首的武将？这其中，有历史的原因，也有文化的原因，不拟多说，这里仅从关羽自身找找原因。

关羽在同时代人眼中，最大的特点是武勇。魏、吴两国的谋臣武将，异口同声用"万人敌""勇冠三军""熊虎之将"这样的词语形容他。不过，武勇不足以令关羽名垂后世。吕布也很勇猛，却声名狼藉。

清人毛宗岗《读〈三国志〉法》曾点评：《三国演义》中有三位塑造最

鲜明的人物，号称"三绝"，分别是智绝诸葛亮、奸绝曹操、义绝关羽。最令人感慨欣羡的，是与刘备之间的感情。他们之间的感情，不同于诸葛亮"鞠躬尽瘁，死而后已"的忠心，而是超越了君臣的情义。《三国演义》说：关羽是刘备的结拜兄弟，曾经发誓"不求同年同月同日生，但求同年同月同日死"。从历史上来看，关羽和刘备不一定真的举行过结拜仪式，但他们"寝则同床，恩若兄弟"（《三国志·关羽传》），的确是情同手足，非同一般。

人与人的感情，不仅要经受日常琐碎的消磨，还要经受重大危机的考验，才足以见其贞固。关羽的忠义，是在所谓"千里走单骑"的历史故事中充分展现出来的。

前文说过，汉献帝发布衣带诏，号召大家推翻曹操，刘备就是秘密参与者之一。后来计划败露，刘备逃出许县，占领徐州，反对曹操。但是刘备的兵力实在是太弱了，和曹操一打就输。刘备虽然不擅长打仗，但是擅长逃跑。他发扬一贯的风格，把老婆、孩子、兄弟一股脑儿全抛下，自个儿逃跑了。跑去哪儿呢？当今天下能够和曹操抗衡的，只有袁绍。所以刘备就投靠了袁绍。

而被刘备抛弃的老婆、孩子以及关羽，当然全都被曹操俘虏。但是曹操可没有把关羽当俘虏看待，他十分敬重关羽的武勇和威名。《三国志·关羽传》说：曹操借天子之命，越级提拔，拜关羽为偏将军，且"礼之甚厚"，不仅在精神上非常尊重关羽，而且物质上的待遇也非常优厚。具体怎么个优厚法，史书没有记载。借《三国演义》的描写："三日一小宴，五日一大宴，上马一提金，下马一提银"，隔三岔五地请关羽吃饭，动不动就送他金银珠宝，试图以此来感化关羽，让他对自己死心塌地。

关羽以前跟着刘备混的时候，成天把脑袋别在裤腰带上拼命，除了替大哥挡子弹，就是替大哥的老婆、孩子挡子弹，过的是非常艰辛的苦日子。现在得到这样的待遇，换成一般人，很可能感激不尽，从此忘记老大哥刘备，跟定新主公曹操吃香的喝辣的。曹操曾用这样的手段，收服了许多降将，可以说屡试不爽。没想到，这一招到了关羽这里，不灵了。

关羽吃着曹操的饭，领着曹操的恩赏，却对旧主刘备念念不忘，没事掏出刘备的画像来瞅两眼，泪流满面，仰天长叹。曹操觉得很奇怪，找来手下将领张辽。张辽与关羽私交很好。曹操对张辽说："卿试以情问之。"他吃着我曹操的，喝着我曹操的，心里却老想着刘备，我觉得挺别扭。你帮我探探关羽的口风，看看他到底是什么意思。

张辽登门拜访之时，关羽正好在思念刘备。张辽问道："夜深了还不想睡，你还在想着他吗？你这样痴情到底累不累？你不如死心塌地跟着我们曹操大人得了。"关羽叹了一口气，回答："我知道曹公对我好，但是我和刘备'誓以共死，不可背之'。我们是同生共死的兄弟，所以我不可能背叛他。此地终非久留之地，我一旦得到大哥刘备的消息，早晚是要追随而去的。但是也请你放心，我关羽也不是吃白饭的，我一定会报答了曹公的大恩大德再走。"

张辽从关羽处出来，也很为难。曹操让我来探关羽的口风，我现在探到了。可是这话，要不要老老实实告诉曹操呢？告诉了曹操，曹操可能会杀了关羽，我这是坑了朋友；隐瞒不报，关羽倒是可以活命，但我这是对主公不忠。千思万想，终于决定：必须告诉曹操。曹操，乃是我的主公；关羽，乃是我的兄弟。以人伦而言，主公高于兄弟。

张辽把关羽的话转达给曹操。曹操听了，既敬佩又怅恨，心情非常复杂，最后感慨道："事君不忘其本，天下义士也。"关羽这个人不忘本，不会喜新厌旧、见异思迁，是天下难得一见的义士。曹操发完感慨以后，很关注一个现实问题："关羽什么时候离开我，有没有说啊？"张辽答道："人家说了，报答了你就走。"

就在这个时候，袁绍给关羽送机会来了。

官渡之战爆发，袁绍派他帐下的大将颜良率领一支先遣队，对曹操发动进攻。曹操派关羽、张辽二人前去抵抗。古代军队出征，主将的身旁要立一杆帅旗，头顶要撑一顶伞盖，这叫"麾盖"。关羽远远望见颜良的麾盖，明确了主帅的位置。他又见颜良的军队刚刚集结，组织松散，警惕性不强，遂产生了一个非常冒险的计划。《三国志·关羽传》记载："策马刺良于万众之中，斩其首还。"关羽扬鞭策马，风驰电掣杀入敌阵，突然之间来到颜良面前，利用速度与体重形成的巨大冲击力，当场击杀颜良，从容地割下颜良的脑袋，带了回来。颜良的军队这才从惊愕之中反应过来，哄然而散。关羽单枪匹马斩颜良，是汉末三国最精彩的格斗战。

关羽斩杀颜良，算是报答了曹操。他回来以后，就把曹操以前送给他的各种金银财宝都归置归置，原模原样放好，封存起来。最后，关羽给曹操留了一封告别信，表示：曹公的收留之恩、知遇之情，我都已经报答过了；现在，我要履行承诺，追随刘备而去。将一切都光明磊落地处置妥当，关羽这才保护着刘备的妻儿，离开曹操的阵营，追寻刘备而去。关羽已经打探清楚，自己的大哥刘备就在袁绍军中。他毫不在乎自己刚刚斩杀了袁军大将，也浑不在意曹操与袁绍正处于敌对状态。在关羽看来，世间一切复杂的纷扰，都不过是阻碍兄弟会面的烟云而已。透过轻烟浮云，关羽眼中仅仅望见了刘备。他护送车马，直直望着刘备所在的方向而去。

关羽的艺高人胆大、光明磊落、我行我素、直来直往，令官渡之战中一切奇谋妙计、一切鏖战纷争，都显得猥琐而乏味。这就是关羽的魅力所在。千年之下，读史至此，诸君手头若有酒，当为如此壮举浮一大白！

《三国演义》说：曹操表面同意关羽离开，暗中却耍了一个小心机。曹操知道，关羽从曹营到袁营，一路要经过许多关卡。按照当时的制度，每过一个关卡，都需要官府颁发的通行证。如果拿不出来，就无法通行。以关羽的性格，如果遭到阻挠，一定动武。关羽虽然武力惊人，但毕竟双拳难敌四手。曹操故意不给关羽通行证，他的想法是：一方面，我任你离开，显示我的宽容大度；另一方面，我也怕放虎归山，关羽武力如此高强，将来帮助刘备，必将是我的一大劲敌，倒不如借守关将领之手，将他除掉！没想到关羽武力实在是太高了，吕布死了以后，天底下哪还有关羽的对手？他一路过五关斩六将，千里走单骑，最后投奔了刘备，兄弟重逢。

以上曹操的小心机，只是小说家的虚构，是为了塑造出"奸绝"的形象。历史上，"千里走单骑"这一段佳话，台面上的明星是关羽，幕后的功臣却是曹操。

当时曹操和袁绍正在打仗，属于敌对双方。关羽和刘备，分别寄居在敌对双方的手下。关羽现在想要离开曹操，前往投奔刘备，实际上也就是投奔袁绍。这从当时的法律来看，是一种非常严重的犯罪行为。

从汉律来讲，犯了叛逃罪的，本人腰斩，家属连坐。汉武帝时期，飞将军李广的孙子李陵与匈奴人作战，弹尽粮绝不幸被俘，迫不得已，只好投降了。汉武帝得知此事，勃然大怒，立刻下令要以叛逃罪治李陵的罪。李陵本人远在匈奴，按理应该抓回来腰斩，现在抓不到怎么办呢？家属连坐，把老李家满门抄斩，这是处置叛逃罪的一个典型案例。

所以，关羽离开曹操，前往袁营投靠刘备之时，曹操手下一致要求追杀关羽，将他绳之以法，治他的死罪。曹操却摇了摇头，说："彼各为其主，勿追也。"关羽也是为了他的主人，所以不要追杀了。天要下雨，娘要嫁人，由他去吧。

南朝裴松之注释《三国志》这一段时，特地写了一段评论："曹公知羽不留而心嘉其志，去不遣追以成其义，自非有王霸之度，孰能至于此乎？斯实曹公之休美。"曹操明知道关羽不肯留下，却不仅不生气，反而能欣赏关羽的志向；关羽真正离去之时，又不派人追杀，以此成全了关羽的忠义之名。如果没有王霸的度量，哪能做到曹操这样呢？这真是曹操的一桩美事啊！

确实，如何处理忠于旧主的敌人，如何对待背叛旧主的降将，这是当国者深感棘手的问题。在这个问题上，中国传统文化形成了自己的一套价值准则。周武王讨伐商纣王，武王是正义之师，纣王是独夫民贼。伯夷、叔齐二人拦住武王的车马，极力劝阻。武王不听，迈过伯夷、叔齐，杀死了纣王，消灭了商朝，建立了周朝。伯夷、叔齐隐居于首阳山，坚决不肯吃周朝的粮食，最终双双饿死。以现代的观点来看，伯夷、叔齐岂非愚忠？岂非万恶旧时代的殉葬品，不值得同情，饿死活该？这正是现代人观念的偏狭之处。以孔子、孟子为代表的儒家，不仅赞扬周武王吊民伐罪、替天行道，也讴歌伯夷、叔齐义不食周粟。没有周武王这样的勇于反抗者，天下百姓还将继续生活在水深火热之中；没有伯夷、叔齐这样的"不识时务"者，举国都将成为权力的媚附之徒、阿谀之辈，毫无风骨可言。这样的价值，自周朝直到清朝，仍是如此。明清易鼎之际，有不少明臣投降清朝，协助满人剿杀汉人。以明朝的立场看，这些人当然是奸臣。有趣的是，清朝官方组织编写《明史》，也将这些降臣写入《贰臣传》，以表贬斥，以彰忠义。

曹操生活在汉末，能够以王霸的度量成全关羽的忠义，不得不说，既具有相当的策略——借此案例，表彰忠义精神，教育自己手下的将领，又体现出高尚的美德。

这就是曹操对待关羽叛逃事件的策略和态度。那么袁绍又是怎么对待叛逃事件的呢？袁绍既没有明察是非的能力，又缺乏对部下的基本信任。没人叛逃，袁绍却创造条件，逼部下叛逃。

这就是第二个案例——许攸叛逃事件。

官渡之战的"鬼手"

用出其不意的一招，起到扭转全局的作用，这在围棋术语中，叫作"鬼手"。袁绍和曹操在官渡僵持，曹军出现了粮食危机，客观的形势已经不容许他再打持久战了，必须速战速决。那么曹操破局的机会何在？他又是如何下出扭转战局的"鬼手"的呢？这要从曹操早年的好友——许攸说起。

许攸，早年间是袁绍洛阳游侠集团的重要成员，与袁绍、曹操都有过命的交情。许攸一直追随袁绍，成为他帐下一名非常重要的谋士。

许攸此人有两大特点。

第一，聪明，给袁绍出了很多很好的计谋。官渡之战时，许攸献了一个计策。他说："不要与曹操打持久战。我们兵力多，不妨派一半军队吸引曹军主力，派另一半军队绕道偷袭后方，突击许县，把天子抢过来。"袁绍笑道："《孙子兵法》有云：如果兵力是敌军的十倍，那就围困对方。我们兵力这么多，不必用什么阴谋诡计。只要团团围困曹操，慢慢打消耗战，就一定能赢。"计谋不被采纳，许攸很不满意。

第二，贪财，经济作风有问题。许攸的贪财，在当时是出了名的。袁绍的弟弟袁术就曾评价许攸"性行不纯"，道德品质有问题。许攸在袁绍手下，既贡献了不少奇谋妙计，立下创业之功，也利用身居要职的机会，贪污了不少钱。

对许攸的贪污腐败问题，袁绍是早不查晚不查，偏偏在官渡之战爆发的节骨眼上，突然心血来潮，开始立案调查。一查之下了不得，不光是许攸本人有问题，他的老婆、孩子都是从犯，都有问题。所以袁绍就先把许攸的妻儿家小都给抓起来了。许攸一看，袁绍这儿待不住了，下一步就要抓我了，赶紧趁着夜色的掩护，直奔曹营而去。

当时天已经很晚了，曹操都上床睡觉了，一听说许攸来投降，一个鲤鱼打挺立刻翻身下床，兴奋得连鞋都来不及穿，一路光着脚丫子就跑出来迎接。曹操边跑边拍着手哈哈大笑："子远，卿来，吾事济矣！"许攸啊，你来了，我就赢定了！

为什么曹操这么兴奋呢？因为他知道，许攸乃是袁军的高级谋士，肯定掌握了很多袁军的重要机密。现在他来投降，对曹军来讲，是一个好消息。

两个人回到帐中坐下，曹操也穿上了鞋，两个人就开始聊天。

许攸首先问曹操："孟德，你们曹军现在还有多少粮食啊？"

曹操一听，非常警惕：现在我还不知道你是真投降还是假投降，我要从你的嘴里套你们袁军的机密，但我也要防止你从我嘴里套我们曹军的机密。所以曹操就撒谎："还挺多的，吃个一年不成问题。"

许攸对曹操太了解了，一听就知道他在胡说八道，非常干脆地说："你撒谎，重说。"

曹操被当场揭穿，面不改色心不跳，继续撒谎："其实还能吃半年。"

许攸一听，还在说谎，就问曹操："你还想不想打败袁绍了？想，你就说实话，你到底还剩多少粮食？再给你最后一次机会。"

到这个时候，曹操才终于把家底亮出来："刚才逗你玩儿呢。说老实话，其实我们的粮食只够吃一个月了。你看这怎么办？"

许攸这才给曹操献上了一条妙计："你军粮食既然已经不足了，那就必须速战速决，绝对不能再拖了，耗不起。袁绍家大业大，他耗得起。袁军现在粮食非常充足，但是都囤积在一个叫作乌巢的地方。偏偏乌巢守备非常薄弱、非常松懈，你只要派一支精锐骑兵，出其不意偷袭乌巢，放把火把他的粮食全都烧光。袁绍十万大军，只要三天没有粮食吃，立马就要全盘崩溃。到时候，你趁机掩杀过去，必能大获全胜。"

曹操当机立断，采纳了许攸的建议。他亲自率领五千精锐部队，都打着袁军的旗号，悄悄上路，远程偷袭乌巢。镇守乌巢的将领，名叫淳于琼，是汉灵帝时代与袁绍、曹操并列的"西园八校尉"之一，也是一名老资格的战将。曹操突袭乌巢，遭到淳于琼的拼死抵抗，一时半会儿居然拿不下来。曹操也是心急如焚，心知这是自己唯一的机会，成败在此一举，身先士卒拼命进攻。

就在这时，袁绍得到乌巢被突袭的消息，火速派遣援军抵达。左右急报："袁绍的援军来了！请主公分一部分人去抵御援军！"曹操心知一旦分兵，乌巢难以拿下，反会遭到两面夹击，遂一声怒喝："等他们到了我背后，你再来汇报！"左右受到这种必死决心的鼓舞，个个抖擞精神，一鼓作气攻入乌巢，四处放火。

谷物燃烧，噼啪作响，冲天火光映照着曹操疲惫而亢奋的面容。官渡之战，在"突袭乌巢"的鬼手之后，战局发生了全盘扭转。曾经四世三公、不可一世的袁绍，兵败如山倒。

"人治"与"法治"之间

袁绍虽然战败，但是瘦死的骆驼比马大。他还有没有可能重新翻盘？只要考察一下第三个案例就知道了。

第三个案例：田丰之死。

田丰也是袁绍手下一名非常重要的谋士，而且论智力水准，还在许攸之上。但是这次官渡之战，袁绍却没有把田丰带到军中来，而是在开战之前就将他关进了大牢。这是怎么一回事呢？

官渡开战之前，田丰曾经劝说袁绍："主公，这一仗现在不能打，条件还不成熟。虽然从物资储备来讲，我军比曹操要富强得多，但是我们现在还存在着一些致命的缺点，内部不够稳固。如果现在贸然发动战争，很有可能会被曹操打败，所以眼前这仗还不能打，应该从长计议。"

袁绍一听，火冒三丈：这仗还没打呢，你就跟我这儿兜头泼冷水，说这些丧气话，动摇我的军心！袁绍一怒之下，下令把田丰关进大牢，并且吩咐："这种不吉利的家伙不要带在军中，等我回来再收拾他！"所以官渡前线打得热火朝天之际，田丰一直坐在后方的大牢之中。

现在，官渡之战果然如田丰所料，袁绍被曹操打得惨败而归。看守监狱的狱卒获知前线战报，第一时间来给田丰道喜。他说："田先生，可喜可贺啊！袁大人在前线，果然被曹操打败了。他现在一定非常欣赏你的先见之明，回来以后肯定要放你出来，重用你！"

田丰一听，心知自己的死期已到，苦笑着说："你只知其一，不知其二。袁绍这个人，表面宽和大度，其实内心狭隘猜忌。如果他打了胜仗回来，一高兴，说不定奚落我两句，就把我给放了。如今他打了败仗回来，脸上挂不住，肯定没脸来见我，要把我给杀了。我命休矣！"

事实再一次如田丰所料。袁绍回来以后，第一件事就是派人到牢房之中，杀死了田丰。

再看曹操。曹操赢了官渡之战，清理战利品的时候，从袁绍的大营之中发现了一大包书信。这些书信无一例外，都是曹操的手下写给袁绍的通敌之信。

原来，官渡之战期间，胜负难料。当时曹操过于弱小，袁绍太强大了。所以曹操的很多手下感到非常的悲观、绝望，觉得这仗根本不可能赢，就事先给自己找后路，纷纷给袁绍写信，在袁军之中预约一个位置。

世事难料，曹操赢了。这个时候，司法官就拿着这一大包书信请示曹操："主公，咱们现在既然缴获了这堆书信，那就应该一封一封地拆开，查看落款，核对笔迹，看看到底是哪些人里通袁绍，是我军的内奸。在下请求把这些内奸全都抓出来，绳之以法。"曹操摆摆手，笑道："当绍之强，孤犹不能自保，而况众人乎？"官渡之战的时候，确实是袁军太强，我军太弱。连我自己都觉得悲观，都觉得不可能打赢，我都恨不得干脆去投降袁绍算了，何况其他人呢？不必苛责。于是下令，把所有的书信一把火给烧了，既往不咎。

这两件事情一对比，可以发现：曹操的部下里通袁绍犯了罪，曹操却大度地宽恕，陈年往事一笔勾销；而袁绍仅仅为了自己的面子，杀死了有功无过的田丰。所以官渡之战以后，袁绍一蹶不振，曹操乘胜追击，消灭了袁绍的残余势力，最后统一了北方。一胜一败，绝非偶然。

官渡之战结束了，问题也就出来了，考验脑子的时候到了。

关羽叛逃，本是死罪，却被曹操轻易放过；部下通敌，本应受到法律的惩处，但也得到了曹操的宽恕。而袁绍对贪污腐败的许攸和动摇军心的田丰，依法处置，却招致了失败。为什么随心所欲、以"人治"代替"法治"的曹操，却能战胜依法办事的袁绍？曹操战胜袁绍的背后，到底有着怎样的玄机呢？

玩转法律的玄机

现在，就来总结一下上面的几个案例。

关羽犯了叛逃罪，按照法律应该处罚，曹操的部下暗通袁绍，按照法律也应该处罚，结果曹操都没有追究；许攸犯了贪污罪，袁绍依法追究他的刑事责任，田丰扰乱军心，袁绍把他关进大牢，说好了打完仗回来处罚，战后说到做到处死了田丰。

我们可以发现一个奇怪的现象：袁绍按照法律办事，结果输了；曹操把法律抛在一边，用"人治"取代"法治"，结果赢了。这个现象，该怎么解释呢？

中国古代的法律文化，从来都不认为严格遵守法律是一种美德，也就是说，没有西方意义上的"法治"文化；同时，也从来不提倡完全把法律抛在一边，想怎么做就怎么做，也就是说，同样没有西方意义上一人之治的"人治"。法有法的好处，可以保证整齐划一的社会基本秩序；人也有人的好处，可以灵活变通，具体问题具体分析。所以，关键问题不在于到底是要"法治"，还是要"人治"，而在于怎么调整"法"和"人"两者的比例，在制度上寻求"法"与"人"两大资源有效结合。

《晋书·刑法志》记载，当时人们认为可以建立一个三层次的解决机制。

第一层次：主者守文。

司法官员必须严格守法，没有通融的余地。比如关羽叛逃事件，关羽要去投靠刘备，途径之处，五关六将必须要查他有没有通行证。关羽如果拿不出来，守关将领就必须拦截他；关羽硬闯，守关将领就必须杀死他。这是守关将领的基本职责。守关将领没有资格学曹操，说："这是天下义士，放了他吧。"如果司法官员都不按照法律来，任心裁判，用道德替代法律，社会就要乱套。这叫"主者守文，死生以之"。文，就是法律条款。司法官员要严格遵守法律条款，既不能够胡乱解释，也不能够抛开法律，而要用生命去捍卫法律的尊严。

第二层次：大臣释滞。

滞，是指疑难案件。有的时候碰到一些疑难案件，基层的司法官员觉得很难处理；有的时候，法律空白，没有明确规定；有的时候，法律虽有明确规定，但如果在具体的个案之中严格执行法律，反而会出现不合情理的结果，为社会舆论所不容。遇到这种情况，该怎么办呢？

在这种情况下，基层司法官员无权自由裁量，无权解释法律，而应该将案件上报中央，交到君主手中。君主当然没有能力裁决复杂的法律案件。中国古代儒家理想的君主，应当是一个法盲，不具备明察的性格与丰富的法律知识。这样的君主，只能任用贤臣。君主召开一个会议，召集大臣研究讨论这起案件如何判决。与会人员，一般包括级别较高的大臣、具有专业法律素养的司法官员、著名的法学专家（律学家）、知名的学者（经学家）等等。由这群大臣进行法理层面的探讨。这些大臣研究讨论之时，可以以法律为依据，也可以以判例、儒家经典、法理为依据。这就从彻底的"法治"，走向一个"法"和"人"相结合的制度了。

第三层次：人主权断。

经过了前面两个层次，还有一些非常特殊的问题，不是法律能够解决的，必须由君主权衡利弊，进行最后的裁断。

"人主权断"的"权"，不是权力的意思。在中国古代政治文化之中，最高价值是"道"。但"道"是无形的、变动不居的，具体到法律而言，就是个案个裁，本质而言是反法律的。所以"道"在绝大多数历史时期，无法直接用以治国。中国古人就将"道"的一般表现形态，也就是常态，归纳出来，用以治国。这个常态，就叫"经"。经，是"经常"的意思。比如不能闯红灯，就是"经"。但有的时候，严格恪守"经"，非但无法实现"道"，反而是对"道"的一种背离，那就需要"权"出场了。"权"的本义，是砝码、秤砣，可以精确地衡量出一个具体事物的重量，这就叫"权衡"。"权"的引申义，古人的定义是"反常而合于道"，虽然不符合常态，但反而符合了道的内在精神，这就叫"权"。"经"是"道"的常态，"权"是"道"的变态。

比如关羽叛逃事件，如果严格遵守法律，那就要把关羽给杀了，这是"经"。但这样操作，虽然在个案中遵守了法律，却以一个判例的形式，在全社会否定了忠义的精神，背离了"道"，未免得不偿失。所以曹操才反其道而行之，宁可放关羽走，宁可在这个具体个案中牺牲法律，也要树立一个忠义的榜样，弘扬一种忠义的精神。这就叫"人主权断"。

按照古人的惯例，"人主权断"的案例，是不能够作为判例应用的，不允许推广适用，只能个别地针对具体的案件，个案个判。

这就是当时人的立法智慧。曹操正是娴熟地运用了这种立法智慧，灵活操控"法"和"人"两大因素，没有拘泥于刻板的法律。在曹操的心目中，法律只不过是一种工具而已，必须要为一些更加上层的价值来服务。而反观袁绍，正是因为认识不到这一点，所以才会在官渡斗法之中败下阵来。

仔细品味官渡斗法，也许可以加深我们对传统法文化的体会，领悟祖先在当时的历史条件下处理"法"和"人"两种因素的法律智慧。"法"和"人"，不是哪个好哪个坏，取一舍一的关系。世界上没有垃圾，只有放错地方的资源。如何调控两者的比例，才是立法者应该考虑的问题。在这一点上，官渡之战中的曹操，做得比袁绍要成功。

第十一章
孔融之死

孔融其人

曹操打败袁绍后，又花了七八年的时间，消灭了袁绍的残余势力。公元208年，曹操统一北方。同年，曹操率领军队南下，打算把刘备和孙权给收拾了，一统天下。孙、刘与曹操相会于长江之上，爆发了汉末三国最大规模的战役，这就是历史上著名的赤壁之战。就在赤壁之战开始之前，发生了一个小插曲：东汉末年最著名的文学家孔融和他的妻儿老小，被曹操满门抄斩。

孔融是一个什么样的人？为什么曹操要在赤壁之战前夕杀死孔融呢？

孔融，字文举，是孔子的第二十代孙。中国人对孔融都非常熟悉，因为从小都听过一个很有教育意义的故事——孔融让梨。相传孔融弟兄七人，他排行老六。四岁那年，全家一起吃梨。别的孩子都抢着拿大的，唯独孔融去拿小梨。大人觉得奇怪，问他：别人都拿大梨，你为什么拿小梨呢？一般的故事版本中，孔融的回答是：我年纪小，当然应该拿小梨。

这个故事在中国传了近两千年，读过蒙书《三字经》的孩子，都会背诵"融四岁，能让梨"。但近来有学者说：孔融四岁让梨的故事不可信，因为这违背了孩子的天性。还有人将"孔融让梨"与"奥古斯丁偷梨"进行对比。比孔融晚一百多年，古罗马有位奥古斯丁，在名著《忏悔录》中记录了一件往事：他小的时候，家附近种着一棵梨树。奥古斯丁和小伙伴们经常在半夜去偷梨，偷了也并不怎么吃，多数扔掉或者喂猪。奥古斯丁忏悔道："我也并不想享受所偷的东西，不过为了欣赏偷窃与罪恶。"比较之下，奥古斯丁偷梨，显然更符合人之本性；而孔融让梨，显得虚假，不符合人之本性。

这个比较，当然没有问题。奥古斯丁的偷梨，还算不了什么。更过分的故事，中国古代也有许多。譬如曹操少年时代偷人家的新娘，也并不是为了自己娶回家做新娘，仅仅是一种原初的恶而已。

孔子并不看重人性本来的善恶，而更强调后天的教化。"孔融让梨"的故事家喻户晓，但孔融回答大人的原话，却罕有人知道，我这里原文引用一下。孔融回答的原话是："我小儿，法当取小者。"（《后汉书》注引《融家传》）我是小孩子，我辈分低、排行末，依法应该拿小梨。依的是什么法呢？不是朝廷颁布的律令，而是自古相传的礼法，也就是儒家关于君臣父子、长幼尊卑井然有序，不能随便僭越的礼教。经过礼教的潜移默化，由奥古斯丁那样的偷梨之恶，演进为孔融的让梨之善，这才是中国古代政治文化的基本功能。

从这个故事可以看出，孔融身为孔子之后，出生于儒学世家，在很小的时候，儒家的正统思想就已经在他的头脑之中生根发芽。从这一点来看，他和出身宦官之家、信奉法家思想的曹操，有着根本的分歧。

孔融十岁的时候，跟着他爸来到了洛阳城。有一天，孔氏父子去拜访一位社会名流。此人大家并不陌生，正是前文讲党锢之祸时提到过的，当时儒家士大夫的领袖人物——李膺。李膺是当时的大明星，名气太大了，不是一般人想见就能见的。孔融想见李膺，刚来到李府门口，就被管家拦住了。管家不知是故意为难，还是有心逗他，喝问道："你这么小的小孩，来干什么？"

孔融说："我是李大人的粉丝，十分仰慕他，想登门拜访。"

管家说："李大人吩咐了，只有两种人能进去见他。第一种，你也得是社会名流，那我能放你进去；第二种，如果是李大人的世交，那我也能放你进去。请问你这个小孩儿，属于哪一种啊？"

孔融一听，应声答道："那太好了。我和李大人正是世交，两家的祖上交情很好。"管家看他说得一本正经，难辨真假，只好把孔融放了进去。

李膺听到管家通报，又见到孔融，不认识，就问他："咱们祖上有什么交情？"孔融回答："我是孔子的后代，您是老子的后代。"传说中老子不姓老，而姓李，名叫李耳，所以孔融说李膺是老子的后代。"孔子不是曾经向老子讨教过学问吗？所以，咱们两家祖上有师生之谊。"这一番回答太精彩了，满座喝彩。人们纷纷竖起大拇指称赞：这孩子，太牛了！

但是在当时的客人之中，有一个人不大服气。他觉得这个小孩太出风头了，一张嘴这么会讲，就泼冷水，说了这么一句话："小时了了，大未必佳。"一个人小时候很了不得，能言善辩、巧舌如簧，但长大了往往没有什么出息。

孔融听到以后，想都没想，当场回敬了八个字："想君小时，必当了了。"（《世说新语·言语》）想必您老人家小时候肯定特聪明吧？众人哄堂大笑。这个客人被说得面红耳赤，无言以对。小孔融的名气也就此打响，成为世人瞩目的神童。

从这个故事，可以看出孔融的两个特点。

第一，聪明。曹操小时候也很聪明，但他十岁的时候在干吗呢？躺在地上撒泼打滚，装羊痫风骗他叔叔。聪明是聪明，就是上不了台面。而孔融十岁的时候，就已经能够和当时的名士打成一片了。所以说，这两个人境界的高低，判若云泥。第二，刻薄。孔融虽然很有才，但是嘴上不饶人，恃才傲物，锋芒毕露，喜欢讽刺挖苦别人。这可以说是孔融性格的一个缺陷，但也是孔融的魅力所在。

三十年河东，三十年河西。

三十年以后，曹操已经从当年那个调皮捣蛋、顽劣不堪的小男孩，变成了曹丞相；而当年的小明星孔融呢，却成了曹丞相手下的一个打工仔，官居将作大匠，相当于建设部长，负责盖盖房子、种种树、搞搞绿化。但是，别看孔融的官没有曹操大，他在当时的思想界却具有无与伦比的影响力。

首先，孔融是"建安七子"之首。孔融擅长各种文体的写作，是汉末蔡邕之后的一代文坛泰斗。曹操之子曹丕曾经评选建安年间最有建树的七位文学家，史称"建安七子"，孔融排名第一。

其次，孔融是汉末士林的领袖。孔融本来就是孔子后裔，此时又已接替李膺，成了儒家士大夫新一代的领袖人物，是当时四海之内青年才俊崇拜的偶像级人物。

所以曹操和孔融，一个是政坛的大佬，一个是思想界的一代宗师。这样的两个人，注定不可能相安无事。

挑衅，由孔融率先发起。

杀士大夫，是个技术活儿

孔融经常以反对派的形象，给曹操带来各种各样的麻烦。

第一，他喜欢批评曹操的法令。

举个例子。东汉末年，天下经常闹饥荒，粮食不够吃，所以曹操推出了禁酒令。曹操说：为了保障国家的粮食储备，保证军粮的供应，严禁民间私自酿酒、喝酒，杜绝粮食浪费。中国古代，饥荒年代经常实行"禁酒令"，这在当时的历史条件之下，无可厚非。

但是孔融受不了。孔融最喜欢喝酒了，你现在把酒一禁，我没酒喝了怎么办呢？所以孔融就来给曹操找碴儿。曹操的禁酒令里，有这么一条理由：酗酒会荒废政务，甚至导致国家灭亡。例如商纣王，酒池肉林，国家不就亡了吗？所以要禁酒。孔融就反驳，说："酗酒可以亡国，这没有错，但是好色也会亡国啊。比如商纣王喜欢妲己，亡国了；周幽王为博美人一笑，烽火戏诸侯，亡国了。酗酒亡国，你就要禁酒；那么好色亡国，你是不是也要禁女人，是不是也要禁男女之情、禁止婚姻呢？那你干脆再下一个禁婚令，严禁老百姓结婚得了。"孔融这一番反驳，极尽诡辩之能事，把曹操气得一愣一愣的。

第二，他喜欢干预曹操的家事。

曹操是一个好色之徒，他收纳了许多失败者的妻女，包括何进的儿媳、吕布部将之妻、军阀张绣的婶子等等。《世说新语》记载：北方有一位著名的美女，叫作甄氏，嫁给了袁绍的儿子。曹操打败袁绍，攻破袁绍的大本营邺城，第一件事就是派人将甄氏找来。结果手下汇报："您的公子曹丕已经捷足先登，把甄氏给接走了。"曹操笑骂道："今年打袁绍，全是替这个浑小子打的！"这个故事不一定确有其事，但曹操打下邺城，将袁绍的儿媳纳为自己的儿媳，却是实有其事。这件事情，办得很不地道。无论如何，曹操当年与袁绍也以兄弟相称，一度有上下之分。何况甄氏的丈夫并没有死，甄氏乃是有夫之妇。如今曹操掠人妻女，无异于强盗的行径。孔融得知此事，给曹操写了一封信，说："当年周武王讨伐商纣王，把商纣王给打败了，就把商纣王的老婆，著名的美女妲己抢了过来，给自己的弟弟周公做老婆。"曹操刚看到这封信，一下子没有反应过来，深感不愧是孔融，果然学问大！有一天碰到孔融，傻乎乎地虚心求教："先生上次来信讲的故事，敢问出自哪一本典籍呀？麻烦您告诉我，让我也长长学问。"孔融回答："以今度之，想当然耳。"我也不知道出自哪本书，猜的；但我可不是瞎猜，我是根据今天的情况猜的。你打败了袁绍，不就把袁氏的妻女抢掠为曹氏的妻女吗？以今例古，估计当年周武王也是这么干的吧。

第三，他甚至还侮辱了曹操的尊严。

这倒不是孔融亲手干的，而是借另一个人之手干的。这个人，就是东汉末年第一狂人——祢衡。祢衡是当时的一个青年才俊，特别有才。有才的人就容易恃才傲物，瞧不起别人。恃才傲物，就容易怀才不遇，没人愿意用他，没人愿意跟他交往。这是古今中外的一个通则。但是有一个人是例外：孔融。孔融当时已经是四十多岁的一代宗师了，而祢衡只不过是个二十出头的无名小卒，但是年龄不是问题，地位不是距离。这两个人，一样的恃才傲物，一样的狂放不羁，所以惺惺相惜，很快就结成了忘年之交。祢衡有一句名言："大儿孔文举，小儿杨德祖。余子碌碌，莫足数也！"孔文举就是孔融，杨德祖就是杨修，也是当时知名的才子。祢衡的意思是说：当今天下，我能看得进眼的，只有一个孔融、一个杨修。其他人，都是碌碌无为之辈，不值一提。由此可以看出祢衡的狂态，也可以看出孔融在祢衡心目中的分量。

孔融不但非常欣赏祢衡，还把他作为高级人才，几次三番向曹操推荐。曹操心想：既然是孔融推荐的，应该错不了，那就让他出来做个官吧。没想到祢衡断然拒绝。为什么拒绝呢？第一，是祢衡本身的性格原因，他那股狂劲儿又上来了，觉得老子天下第一，我凭什么给你曹操打工？我才不干！第二，拒绝做官是东汉末年非常盛行的风气，是自我标榜、提高身价的惯用手法。我越是拒绝做官，就越显得我清心寡欲，显得我不趋炎附势。朝廷一看，这个人道德品质太高尚了，给他官做他都不做，那就要拿出更高的官职来邀请他出山。这是当时提高身价的一个惯用手法，祢衡也未能免俗。

但是，曹操不吃这一套：我才不会拿更高的官职来请你，更不会就此放过你，我偏要羞辱你。所以曹操就专门举行了一个大型的宴会，邀请天下各路名流前来参加，还放出话来：此次宴会，将会有一个非常精彩的节目。众人赴宴，饮宴正酣之际，曹操点了祢衡的名，说："听说你在音乐方面很有造诣，那请你敲个鼓吧，给我们助助兴。"没想到祢衡非常爽快地答应了："敲鼓就敲鼓，没问题。"二话没说，拿起鼓槌，现场就演奏了一曲慷慨激昂的曲子，把他怀才不遇的愤懑之情抒发得淋漓尽致，听者无不动容，忍不住为之击节叹赏。曹操的本意是羞辱祢衡，没想到祢衡的才华得到了众人的赞赏。

这个时候，曹操有个手下就出来找碴儿了。他指责祢衡："曹丞相的乐队有专门的制服，你怎么不换上鼓手的衣服呢？快换衣服去！"

鼓吏，在当时社会阶层划分中，属于"乐户"，一般都是犯罪之人的家属充当的，身份非常低贱，在法律上属于"贱民"阶层。曹操授意手下让祢衡换上鼓手的衣服，就是想借此羞辱祢衡。

祢衡一听："要换衣服？没问题，你拿衣服来。"祢衡拿过衣服以后，也不去更衣室，就在大庭广众之下开始脱衣服，而且是慢慢地脱，一件一件地脱。先脱上衣，再脱裤子；先脱外衣，再脱内衣，最后脱去亵衣，一直脱到一丝不挂，赤条条地站在众人面前。大伙儿一看，一点胃口都没有了，纷纷举起袖子遮住眼睛。现场这些穿衣服的都觉得害臊得不行，反倒是那个没穿衣服的祢衡非常从容。他拿起鼓手的制服，再慢慢地一件一件地穿上，穿完以后请教曹操："我已经按照您的吩咐换好制服了，您还有什么吩咐呀？尽管说！"

曹操没有办法，只好自我解嘲："我本来想羞辱他一番，没想到自取其辱，反而让他给羞辱了。"表面上说得很大度，但是心中已经对祢衡恨之入骨。

祢衡这样一个烫手山芋，曹操当然不想要。杀了吧，又怕落下一个难容异己、杀害人才的恶名，毕竟祢衡的名气太大了。所以曹操就把祢衡送给了荆州的军阀刘表："老刘，我这儿有个才高八斗的大才子，舍不得用，给你。看你能不能受得了，练一下你的涵养。"

刘表是名士出身，在天下军阀之中以雅好学问著称。他得到祢衡，一开始挺高兴，时间一长，也受不了了。但是，刘表也已经明白了曹操的诡计：你想借刀杀人，想让我背负一个杀害人才的恶名。对不起，你不杀，我更不会杀。所以刘表又把祢衡送给了自己手下的一个军官：你来试试。这个军官是个大老粗，没有曹操和刘表那样细腻的心思，哪受得了祢衡这等人物！有一天，军官与祢衡一言不合，拔出刀来就把祢衡给杀了。一代大才子祢衡，就这样死了。

在孔融眼中，曹操没有亲手杀祢衡，祢衡却是因曹操而死。在曹操眼中，孔融没有亲自侮辱曹操，但祢衡侮辱曹操，孔融难辞其咎。所以祢衡死了以后，下一个就要轮到孔融。

曹操首先找了一个借口，罢了孔融的官，把他赶回家：朝堂之上没有你的位置了，回家抱老婆、看孩子去吧。没想到孔融回家以后，不但没有闭门思过，反而非常高调地敞开大门，迎接天下的才俊：以前我忙工作，没有时间社交；如今我赋闲在家，彻底自由了。不嫌弃我孔融的，欢迎光临，多多益善。

孔融在思想界有着非常大的影响力，现在他赋闲在家，每天都有许多人不远万里慕名前来。他们在一起谈天说地、饮酒作乐、抨击时政。孔融还放出话来："座上客常满，樽中酒不空，吾无忧矣。"我家里有的是朋友，我杯中有的是美酒，我还忧虑什么呢？没什么可忧虑的。

从这件事情可以看出，孔融尽管已经从高官变成了一介平民，但是他在思想界、在社会舆论界的影响力和煽动力仍然是巨大的。对曹操的统治而言，孔融仍然是一个潜在的威胁。

卧榻之侧岂容他人酣睡？哪怕只是一个文人。这件事情，促使曹操下了最后的杀心。

孔融不仅是孔子的第二十世孙，还是"建安七子"之首，更是当时文化和舆论界的领袖人物。既想除掉孔融，又不能落下专制独裁的恶名，为此曹操颇费了一番心思。

滔天权势，输给了八岁小孩

对中国古代的统治者来讲，杀士大夫，是一个技术活儿。不能蛮干，不能像秦始皇焚书坑儒那样愣杀，这会遭到后世的口诛笔伐，留下千古骂名。如果别人问曹操：为什么杀孔融呀？要是曹操实话实说："这个人成天在我耳边婆婆妈妈、叽叽歪歪，成天跟我唱反调、说我坏话，我实在受不了，就把他给杀了。"别人就要骂曹操暴虐，就要骂曹操专制独裁。这样做，就算杀了孔融，自己也要被溅一身血，太不划算。

曹操为了杀死孔融，可以说是用心良苦。他想了两个办法。

第一个办法，为自己制造不在场证明。

公元208年，七月，曹操率领大军南下，交代留守的官员："我去打南方的刘备和孙权了，后方的事情都交给你们来处理了，跟我没关系。我走了。"到了下一个月，也就是八月，才有人举报孔融的一系列罪名，紧接着就走司法程序，把孔融给杀了，满门抄斩。曹操打个时间差，就是想以这么一个障眼法来掩天下人的耳目，表示孔融死的时候我正在前线打仗，这事跟我没什么关系。

第二个办法，用不孝罪杀死孔融。

曹操不但要从肉体上消灭孔融，还打算从精神上摧毁孔融。曹操要想杀孔融，有很多莫须有的罪名，比如心怀篡逆、诽谤朝廷、不修边幅、违反朝仪等等。除此之外，曹操还特地精心构造了一个罪名——不孝罪。理由是孔融曾经发表过一个大逆不道的观点，叫作"父母于子女无恩论"。

他说："父之于子，当有何亲？论其本意，实为情欲发耳。子之于母，亦复奚为？譬如寄物缶中，出则离矣。"（《后汉书·孔融传》）这段话大意是说，父母对子女没有什么恩情可言。首先父亲对子女就没有恩情，父亲生下子女，难道是为了爱护他吗？不是，子女只是父亲发泄性欲的一个副产品而已。母亲对子女也没有恩情可言，你别看母亲十月怀胎那么辛苦，其实母亲生孩子就好像是从瓶子里面往外倒东西一样，倒出来就完事了。你说这瓶子对倒出来的东西，有什么恩情可言吗？也没有。所以父母对子女都没有恩情可言。

这样的言论，在价值多元化的今天看来，即便我不同意你说的每一个字，但是我坚决捍卫你说话的权利。但是在当时看来，可以说是惊世骇俗、大逆不道。《孝经》有云："五刑之属三千，而罪莫大于不孝。"不孝罪是中国古代最严重的一个罪名。所以曹操就以不孝罪为罪名，逮捕了孔融。

孔融反对曹操这么多年，当然早就已经做好慷慨赴死的准备。但他绝没有料到，曹操竟然如此狠毒，要他全家的性命。《世说新语》记载：官兵来到孔府，先逮捕了孔融本人。孔融的两个儿子，一个九岁，一个八岁，正在下棋。孔融抱着天真的幻想，对官兵说："我孔融一人做事一人当，希望不要牵连我的家人。"一个儿子一边下棋，一边慢条斯理道："父亲，您见过鸟巢都翻了，鸟蛋还能完整保存的吗？"果然，紧接着官兵宣布了满门抄斩的命令，将这两个幼子也一起逮捕。

从这两名幼子面对死亡的从容，可以看出孔氏的家教，更可以看出曹操有权力要孔融的命，却永远无法摧折其精神。曹操的滔天权力，竟然连一个八九岁的小孩都无法击败。

最后的结局，孔融被公开斩首。孔融全家，包括这两名幼子，都被斩首。孔融之死，在当时曾令天下震怖。

孔融作为汉末儒家士大夫的领袖人物，在当时的主流社会颇具影响力和号召力。可令人费解的是，儒家思想弘扬孝道，孔融却公开宣扬有违孝道的言论，而他这一骇人听闻的言论，最终给自己招来了杀身之祸。那么，孔融公然挑战儒家思想的背后，到底有着怎样不为人知的原因呢？

以理杀人，杀人的最高境界

曹操杀孔融，似乎仅仅是一个刑事案件，但是细细分析，可以发现两个很有意思的悖论。

第一个悖论：曹操明明倾向于法家，他自己也最离经叛道，对儒家礼教满不在乎。为什么曹操这样一个人，竟然会坚持用一个儒家的罪名来杀死孔融？

曹操用儒家的道德来杀孔融，其实是以其人之道，还治其人之身。你孔融不是以孔圣人的后代自居吗？你不是满口标榜儒家的忠孝仁义吗？好，我现在就用儒家的道德来治你的罪！用刀杀人，是最愚蠢的做法；用法杀人，拿法律来给你罗织罪名，老百姓也会敢怒不敢言。那么杀人的最高境界是什么呢？就是以理杀人。现在的社会崇奉儒家道德，那我就用儒家道德杀死你，以理杀人，杀人诛心，这样才是最高明、最不露痕迹的做法，才能够让你孔融死了以后也永世不得翻身。曹操想要避免孔融死后，海内垂泪、万众含悲的结果；他想要追求的效果，不仅是杀死孔融，更要让孔融身败名裂、受万人唾骂。所以，曹操并不是真的相信什么儒家道德，他本人对这些道德也是非常抵触、非常反感的。他只是拿这些道德作为杀人的一个借口而已。

第二个悖论：孔融作为孔子的后裔，作为当时儒家士大夫的一个领袖人物，为什么会发表不孝的言论呢？难道他反对自己所坚持的信仰吗？

当然不是。孔融反对的儒家道德，是被当时的统治者所利用的儒家道德，是一种伪儒家、伪道德。东汉末年，推举孝廉，是以儒家道德要求民众、奖励民众，这是表象。实际上，朝廷却两次发动党锢之祸，令真正有道德、有正义感的人家破人亡。党锢归党锢，举孝廉仍在照常举办。在朝廷的实际做法与表面主张相互分裂的情况下，社会风气也只能走向分裂：表面按照举孝廉的要求，装扮出有道德的样子；骨子里却避开朝廷的禁令，不敢真正抗议权力、得罪宦官。曹操这样的人，挟持傀儡皇帝，杀皇后、杀妃子，毫无忠诚可言；但他表面上却还要假惺惺地成就关羽、表彰忠义。其实曹操要求的忠义，是忠于曹氏，而非忠于汉室。此时的儒家道德，早已沦为有权者的婢女，丧失了正君行道的功能。

《庄子》有云"窃钩者诛，窃国者为诸侯，诸侯之门而仁义存焉"，大意是说：小偷小摸之徒，都被当成盗窃犯枪毙了；如果是一个窃国大盗，像曹操这样的，盗取了国家政权，盗取了法律，盗取了正义、善恶、是非的衡量标准，他说什么就是什么，怎么说怎么对。那么对孔融来讲，他能采取的斗争策略，并不是在学术上严格界定，到底什么是儒家，我是真儒家还是你是真儒家。这是徒劳无益的。他所能做的，就是索性把儒家道德全盘否定。所以他才公开发表不孝的言论，从根基上动摇曹操统治的合法性基础。而他内心深处其实是知道什么是真儒家的，所以才能够反对这种伪儒家、伪道德。

鲁迅《魏晋风度及文章与药及酒之关系》有云："魏晋时代，崇奉礼教的看来似乎很不错，而实在是毁坏礼教、不信礼教的。表面上毁坏礼教者，实则倒是承认礼教，太相信礼教。"这句话对曹操以礼杀孔融这样一个悖论，是一个非常好的诠释。读历史，正是要读破表面上的悖论，读到纸面之下的一以贯之。

孔融早在四岁那年，就能依照礼教的规则让梨；五十六岁之时，终于为他钟爱的礼教殉道而亡。范晔撰写《后汉书》，特地评价道："孔融志向高洁，性情爽直。他虽是一介文人，却胆敢忤逆曹操的雄心，抵抗曹操的霸业。他以一死，令曹操明白，原来天下还有如此多时刻准备为汉室尽忠之人，原来汉室的潜在拥护者还有如此之多，从而终身不敢称帝代汉。孔融严正的性格，早已准备好了被摧折的结局。世人竟指责他为何不明哲保身，这哪里懂孔融呢？"最终他说："懔懔焉，皓皓焉，其与琨玉秋霜比质可也！"孔融的一生，动人心魄，洁白无瑕，可与美玉、秋霜相比拟。千载而下，有人质疑孔融的崇高，有人从权谋的角度嘲笑孔融不善自保。在历史面前，都显得猥琐可笑。

　　这就是孔融之死，案发时间是公元208年八月。就在曹操杀死孔融之后不久，也就是这一年的十二月，中国历史上又一例以少胜多的战役在曹操与刘备、孙权之间爆发，孙、刘联军在赤壁大破曹军。曹操统一天下的梦想，在赤壁之战的熊熊大火中化为灰烬。从此，他把自己的主要精力从军事领域转移到了政治、法律领域，对暮气沉沉的汉王朝，展开了一系列大刀阔斧的改革。那么曹操进行了哪些方面的改革？他的这些改革对后世又产生了怎样深远的影响呢？

第十二章
名法之治

"法律一本通"创造奇迹

　　赤壁之战，曹操惨败而归，统一天下的梦想就此破灭。从表面上看，赤壁之战是曹操人生的一个拐点。赤壁之战以前，曹操走的是上坡路，战无不胜、攻无不克；赤壁之战开始，曹操就在走下坡路了。打刘备，被火烧赤壁，几十万大军被烧得灰飞烟灭；打张鲁，汉中得而复失，徒留下一个"鸡肋"的笑柄；打孙权，不但无功而返，还要夸人家："生子当如孙仲谋！"我怎么就生不出这么好的儿子！满腔的羡慕嫉妒恨。

　　那么赤壁之战以后的曹操，是不是就真的一无可取了呢？答案并没有这么简单。赤壁之战以后，作为军事家的曹操逐渐淡出，但是作为政治家的曹操慢慢凸显出来。赤壁之战给曹操泼了一盆冷水，让他的头脑冷静下来，认识到统一天下基本没戏了，留给子孙去做吧。我能够为后世子孙、为历史做出的贡献，就是把现在已经占据的大半个中国治理好。因此，曹操针对汉朝末年的诸多弊端，大刀阔斧地展开了一系列的改革，取得了巨大的成就，对后世产生了深远的影响。那么，汉朝末年在政治、法律、风俗人心各方面，都有哪些弊端呢？曹操又进行了哪些有针对性的改革呢？下面就分立法、司法、行政三个领域来讲解。

汉朝的第一个问题是立法庞杂。

关于秦朝的法律，西汉的《盐铁论》有一句经典的描述："秦法繁于秋荼，而网密于凝脂。"秦朝的法律，比秋天漫山遍野的野花野草还要多；秦朝的法网，比凝固的脂肪还要密，滴水不漏。中国古代法文化，并不认为法律文件繁多、法网繁密是一件好事情。相反，"法网恢恢，疏而不漏"，才是理想状态。秦朝法律条文太多，成了"苛法"，民众不堪其苦，所以群起颠覆了秦朝。

汉初吸取秦朝的教训，法律比较简明扼要。《史记》记载：刘邦率领义军进入咸阳城，接受末代秦王的投降，随即与关中的父老豪杰"约法三章"："杀人者死，伤人及盗抵罪。"犯了杀人罪的，判处死刑；犯了故意伤害罪和盗窃罪的，都按照秦律判处相应的刑罚。至于其他秦律，一律废除。民众纷纷拍手称快。

汉朝正式建立以后，刘邦逐渐感到，偌大一个国家机器、如此复杂的广土众民，绝非区区三章之法能够管理，所以委托相国萧何起草了一部《九章律》。顾名思义，汉朝的基本法律只有九章。

国家机器的运行，犹如一台计算机。初用之时，软件较少，程序简洁，速度飞快。时间一长，碎片滋生、垃圾堆叠，则非清理整顿不可。时间更长，病毒缠体，轻则缓慢，重则死机，非重装系统不能救其弊。寿数一至，则救无可救，只能备份软件，抛弃硬件，换台机器。譬之法制，初建国时，法网恢恢，效率奇高；建国有顷，定律出令，须有法吏整顿条理之；建国百年，由盛转衰，法律机器积弊渐重、运转不灵，则须有医国圣手厉行变革，方能续命；朝代将亡，则任你伊周萧曹，也回天乏力，只有改朝换代，才能带来彻底改变之契机。

汉朝也不例外。随着时间的推移，法律越来越多，逐渐走上了秦朝的老路。汉朝到底有多少法律？根据《汉书·刑法志》的统计，仅仅截至汉武帝，"律令凡三百五十九章"，比《九章律》翻了近四十倍；"死罪决事比万三千四百七十二事"，关于适用死刑的司法判例，共有一万三千四百七十二个。"文书盈于几阁，典者不能遍睹"，法律文件堆得到处都是，办公室的桌上都摆不下，档案馆的书架也塞不下，连专门负责司法的官员都看不完。

法律多到没人能看得完，那么，有法律和没法律也就没有什么区别了。反正没人能看完，也就没人知道有哪些法律。想要开罪，那就找一条轻法；想弄死你，那就找一条重法。法律文件这么多，总有一款适合你。

有识之士都认识到了这个问题，也都在努力清理、删除法律，但是成效甚微。毕竟大汉王朝享国四百年，许多问题千头万绪，利害关系互相纠缠。看似只是修改一条法律，实则牵一发而动全身，非常困难。所以，汉朝立法庞杂、积重难返，这个积弊只能留待曹操这样强有力的权臣来解决。

曹操是怎么解决的呢？一个字：科。

科，是汉朝的一种法律形式，效力位阶相对较低。打个比方，假如汉朝的律相当于最高权力机关制定的法律，效力位阶最高，那么科充其量相当于政府的法规、规章。既然汉朝的律本身有问题，曹操为什么不直接把律推翻了，重新制定一部呢？因为曹操毕竟名义上只是汉朝的一个丞相，不具有最高的立法权，他不可能把汉朝列祖列宗所立下的律都给推翻了重新来过。

但是曹操有权力制定科。科的效力位阶比较低，曹操利用丞相的职权制定了大量的科，用科来改造汉律。这些科的作用，主要体现为以下两点。

第一，修改汉律。

汉朝的法律承秦而来，非常严苛。曹操出台的科规定，以后的刑罚，比照汉律，减半处罚。这样一来，刑罚就大大减轻了。

第二，整理汉律。

汉律条文繁多，有的前后矛盾，有的互相打架，有立法空白，有规定重复。曹操将这些问题一一梳理，用科重新系统地整理了一遍。

可能有人觉得：汉朝的法律本身已经够多了，曹操又制定这么多的科，岂不是叠床架屋、乱上添乱吗？

并非如此。从法律的效力位阶来看，汉律是基本法，科是特别法，基本法高于特别法；但是从法律适用的有限性来看，汉律是一般法，科是特别法，特别法优于一般法。加之当时曹操大权在握，皇帝的法律只是摆设，曹丞相的法律才是真正需要不折不扣执行的。汉朝的司法人员，对此当然心领神会。他们在实际办案的时候，只要曹操的科有规定，一律依科行事，再也没人去翻那些永远都看不完的律令了。这样一来，曹操的科相当于给他们出了一本最新版的"法律一本通"，一册在手，办案不愁。这就是科的作用。

在曹操生前，科就起到这样一个"法律一本通"的作用，只是权宜之计。但是在曹操死后，却产生了他本人都意想不到的深远影响。曹操死后，他的儿子曹丕做了皇帝。再到曹操的孙子魏明帝曹叡的时代，终于有权力做他爷爷当年做不到的事情了：我要名正言顺地推翻汉律，我要制定我自己的曹魏律。当时的立法专家，就在曹操制定的科的基础上制定了曹魏律十八篇。

曹魏律十八篇，相比起汉律，进步性到底体现在哪里？是否就是《九章律》的一个加强版？非也。

汉律的法典结构，是开放性的，篇章之间没有严密的逻辑性。汉高祖制定了《九章律》，后面的皇帝要是觉得九章不够用，就可以制定十章律、十一章律、十二章律……一直到汉武帝时代，终于变成了三百五十九章律，而且还可以继续增加。

《魏律》呢？汉朝末年，清谈思想兴起，再加上佛学传入，人们的思维逐渐倾向于简化而有条理，从而产生了一门新的学问——玄学。玄学非常看重事物的内在原理。在这样一种思想的影响下，魏明帝时代制定《魏律》，在设计篇章结构的时候，经过了逻辑层面的仔细推敲，将法律管理的内容分为十八个门类。从逻辑上来讲，不可能再有第十九个门类。这是立法技术的重大进步。立法技术进步，带来了篇章结构的简化。所以《魏律》制定的时候是十八篇，永远都是十八篇，法典的基本框架、基本结构不会再改变。某条法律条文过时了，可以重新修改，但是整个法典的结构不会改变。从曹魏律开始，中国终于有了一部统一的基本法典，彻底改变了秦汉以来立法庞杂的弊病。

整个魏晋南北朝，从西晋律、北魏律到北齐律，都继承了曹魏律的优良传统，并不断简化。到了唐朝，《唐律疏议》一共只有十二篇五百条，更加简明扼要。想象一下，当时世界上国力最强盛、面积最大、人口最多的一个国家，仅仅依靠五百条法律，就可以得到有效的治理，这不能不说是世界法律史的一个奇迹。而这个奇迹的起点，追根溯源，正是曹操制定的科。

曹操通过制定科，对汉朝末年庞杂的法律制度进行了修改和整理，从此司法人员办案更加有法可依。但是在东汉末年，司法人员办案却十分随意，对案件的审理往往带有很强的主观色彩。曹操明白，虽然法律条文得到了完善，但如果执法不严、有法不依，这些法律条文通通形同虚设。那么曹操又会怎样重拳出击，整治司法随意的弊端呢？

"割发代首"背后的秘密

汉朝的第二个问题是司法随意。

东汉末年，儒家士大夫的道德感非常强烈，这导致人人都只凭借善意良心来做事，而置法律规定于不顾，法治观念淡漠。

举个例子。汉灵帝时期，有一桩轰动一时的大案，叫"赵娥复仇案"。在酒泉郡禄福县，有个姓赵的人，被当地豪强李寿杀害。赵氏有三个儿子，都想为父复仇，却赶上一场瘟疫，不幸全都病死。赵家只剩下一个女儿，名叫赵娥亲（有的史书称为"赵娥"）。李寿听说赵家无男丁，非常兴奋，居然公开摆宴庆祝，还放出话来："赵氏男丁死亡已尽，只剩一个弱质女流，我还怕什么呢？"这话传到赵娥亲的耳中，她立誓为父复仇。赵娥亲买了一口宝刀，每天追踪李寿，想要伺机下手。李寿听说赵娥亲要复仇，干脆每天出门都骑高头大马，手中一柄长刀，威风凛凛。乡邻和远亲，都劝说赵娥亲放弃复仇，不要自寻死路。赵娥亲不听。

终于，公元179年二月上旬的一天，赵娥亲找到了机会。她在当地都亭（维护治安的机构，类似于县警察局）门口，遇到了仇人李寿。李寿转身欲跑，被赵娥亲砍伤马匹。马一惊，将李寿掀翻在地，滚落路边的沟渠之中，受了重伤。赵娥亲挥刀砍去，却砍中一棵树，刀折断了。李寿一见赵娥亲没了刀，拼死抵抗。搏斗之中，赵娥亲徒手拧断了李寿的颈骨，李寿当场丧命。赵娥亲完成复仇，这才解下李寿的佩刀，将他的头颅砍下，一手持刀，一手提头，从容走进都亭自首。

本案案情并不复杂。按照汉朝的法律，县令只要将之作为疑难案件，层层上报即可。一方面，赵娥亲确实是一个孝女，而汉朝以孝治天下，从情理而论，有可以原宥之情；另一方面，她又是一个杀人犯，必须为杀人行为负责，从律令而论，必须承担相应罪责。究竟是依律治罪，还是原情赦免？究竟是从轻发落，还是完全免罪？县令不能做主，应当按照汉代的疑狱奏谳程序，逐级上报，交给中央来处理。

按照中央处理复仇类案件的惯例，一般的做法是：一方面，依律判赵娥亲杀人罪成立；另一方面，以特赦的程序予以赦免，让她不用接受处罚。这样一来，人情、理法两全其美，法律得到了保全，赵娥亲的孝道也得到了表彰。但是有一点没有疑问：特赦程序下来之前，赵娥亲作为犯罪嫌疑人，必须在牢里待着，听候发落。

但是，当地县长接到赵娥亲的自首以后，第一反应不是依法控制犯罪嫌疑人、逐级申报，而是私自就把赵娥亲给放了。他认为：娥亲乃是孝女，替父复仇，感天动地，手刃仇人，大快人心。这样的英雄儿女，怎能关进大牢呢？当场释放。不仅如此，县长道德感非常强烈。他知道，私放赵娥亲于法不容，必将被追究刑事责任，干脆弃官挂印而去。就这样，这个县长自说自话辞职走了。

县长走了，县尉（县治安长官）居然也想放赵娥亲走。但他没有县长的胆子公然释放，只是私底下反复暗示。反倒是作为犯罪嫌疑人的赵娥亲，法制观念还强一点。她坚持不肯逃跑。赵娥亲对县尉说："我为父复仇，这是作为子女的本分；你把我抓起来，也是作为朝廷命官的职分。我们各人尽好各人的义务就可以了，你何必为难呢？"县尉实在不愿把赵娥亲关押在监，生怕招致社会舆论的强烈谴责，干脆派人强行把她送回了家。好在赵娥亲果然等到了朝廷的赦免。（《三国志·庞淯传》注引皇甫谧《列女传》）

赵娥亲复仇案，就个案而言、就结果来讲，是正义的；就法律而言、就程序来讲，是随意的。

像这种司法随意的情况，东汉末年比比皆是。比如前面讲过的"捉放曹"，曹操身为朝廷的通缉要犯，按理应该被逮捕归案。中牟县的司法官仅仅因为觉得曹操是一个英雄，就置法律规定于不顾，把他给放了。释放曹操的，无论是《三国演义》里的陈宫也好，还是历史上的无名功曹也罢，从法律的角度来看，这起事件都是司法随意的表现。

曹操当年被通缉的时候，当然对释放他的那个功曹感恩戴德；但是今天成了曹丞相，思考问题的角度不一样了。从国家、法律的角度出发，曹操必须着手解决这个问题。怎么解决呢？一个字：苛。

前面说曹操制定了很多的科，立法方面基本有法可依了，现在要做的是执法必严。曹操执法，用一个词来形容，就是"严苛"。

《三国志》注引《曹瞒传》记载：曹操有一次出兵打仗，经过一片麦田。曹操特地下军令："严禁践踏百姓的麦田，违者斩首。"士兵接到命令，知道曹操军令严苛，都不敢怠慢，纷纷下马，小心翼翼地扶着麦子，牵马而行。偏偏这个时候，曹操自己的马突然之间撒开四蹄就闯进庄稼地里，跑了一大圈回来了，把庄稼踩倒了一大片。士兵们被这突发情况吓坏了，面面相觑，然后一齐把目光投向曹操：看你怎么办。

曹操问司法官。司法官反应最快，他说："《春秋》之义，罚不加于尊。"汉代流行"《春秋》决狱"，遇到疑难案件，可以引用《春秋》大义作为审判案件的依据。司法官的意思是：《春秋》有一条经义，叫作"罚不加于尊"，刑罚不能够加于至尊之人。比如国法是不用于君主的。所以您不需要处罚自己，您是无罪的。

说句题外话，关于"罚不加于尊"这样一条所谓的《春秋》大义，在今天的《春秋》包括《春秋三传》中，都是找不到的。是不是这个司法官信口杜撰，为曹操开脱罪名呢？已经不得而知了。

曹操一听司法官的意见，表示不同意。他说："制法而自犯之，何以帅下？然孤为军帅，不可自杀，请自刑。"我自己制定的法律，我自己公然违反，然后还不接受任何处罚，那以后还怎么服众呢？以后我的法律还怎么有公信力呢？但是，我毕竟也是一军的主帅，不可能自杀。所以，请让我对自己实施次一等的刑罚。说罢，拔出宝剑，割断了自己的长发，替代自己的人头，扔在地上。曹操这个举动做出之后，三军肃然。这就是历史上著名的"割发代首"的故事。《曹瞒传》讲这个故事，是为了说明曹操"持法峻刻"，也就是严于执法的特点。

但"割发代首"的故事，在后世的文学作品《三国演义》中，寓意发生了变化。《三国演义》讲这个故事，但在叙事结束后，还不过瘾，又加了一首诗，表达作者对这个事件的看法。诗云："十万貔貅十万心，一人号令众难禁。拔刀割发权为首，方见曹瞒诈术深。"大意是说：十万名士兵，就有十万条心。要统率人各有心的大军，光靠一个人的号令，是很困难的。所以曹操用了一个"割发代首"的方法，欺骗士兵，令其听命于己。《三国演义》作者认为：曹操"割发代首"是一种诈术，是在欺骗士兵。你如果真的执法必严，那你倒是自杀呀。起码为表诚意，你也得剁一只手下来吧！你割几根头发，这算怎么回事？这不是糊弄人吗？

《三国演义》中的看法很有代表性。所以到了今天，人们就不拿这个例子作为曹操执法必严的佐证了，而是用来说明曹操的虚伪狡诈。

评价一个历史人物，不能脱离当时的历史背景。割头发，在今天看来就是理发，岂能与斩首相提并论？但是在汉朝，却是一种非常严厉的刑罚，叫作髡刑。头发，在今天看来只有两个作用，第一是头部保暖，第二是美观，但是在汉朝人眼里还有第三个作用。

应劭写的《风俗通义》，讲了一个汉代的鬼故事：东汉的汝南郡有个亭。亭，是汉代一种集邮递、治安、住宿功能于一体的机构。这个亭的二楼经常闹鬼，死了不少人。一般是夜晚入住，次日白天发现头发全无，魂飞魄散，不久就死了，这叫"亡发失精"。所以没人敢再去二楼居住。有一天，一名监察官员叫郅伯夷，傍晚路过此地，要求住宿。他的随行人员都说："天色还早，要不去前面一个亭住宿吧。"郅伯夷说："我有一些文书要处理，就住这里。"随行人员都很害怕，亭吏也劝，郅伯夷坚持不听，非要住楼上。但他也十分警觉，全副武装。等到半夜，果然有鬼物来袭。郅伯夷与之格斗，将其擒住，这才大声喊人。士卒举火一看，是只红色的老狐狸，遂将之烧死。第二天掀开阁楼，发现上有一百多个发髻。

故事是假的，但可以看出汉人"亡发失精"的观念。汉朝人认为：头发是一个人的灵魂精气凝聚之处。割掉头发，就会元气大伤，身心健康都要受到严重摧残。这个观念，直到清代仍然存在。西方汉学家孔飞力，以乾隆年间的一桩大案为素材，写了一部名著《叫魂》。该案就是一起连环割发案件，在当时引起了全社会的极大恐惧，甚至惊动了皇帝。以今人的观点来看，连环杀人案才可怕，连环割发有何可怕？但深入不同时代异质的观念之中，正是读史的魅力与功效。

汉代人熟读的《孝经》有云："身体发肤，受之父母，不敢毁伤。"西汉史学家司马迁也在《报任安书》中，给汉朝的刑罚排了个次序。他认为最残酷、侮辱性最强的刑罚是宫刑，也就是他自己挨的那一刀；次一等的，是砍手砍脚，也非常残酷；排第三的，就是髡刑，也就是割掉头发。髡刑，排在打板子、流放等刑罚之前，这和现代人的认知是大不一样的。

正是在这个背景之下，曹操割发才能够代首，才能够起到威慑三军的作用，割发代首才可以作为曹操执法必严的一个佐证。要不然，曹操把他那些士兵都当傻子吗？曹操"割发代首"欺骗他们，那些士兵看不出来吗？这样简单化的结论，是说不通的。只有理解古人，理解古人所生活的那个时代背景，设身处地地去想，才能够得出一个比较妥帖的结论。

曹操有一句名言："吾非有二言也，不但不私臣吏，儿子亦不欲有所私。"（《太平御览》引魏武帝《诸儿令》）我这个人，不搞双重标准。我不仅不会偏心自己的手下，就算是我儿子，也绝对不会包庇纵容。实际上，曹操即使自己犯法，也不会轻易地放过，而必欲有所惩戒。正是因为有这样一种法律面前人人平等的精神，所以曹操才能够令出必行，才能够做到执法必严。

曹操请司马懿出山做官，司马懿竟躺在床上装病七年，朝廷的行政指令犹如一纸空文。在东汉末年，像司马懿这样拒不服从行政指令的行为已经成为一种风气，这使得国家机器难以正常运转。在曹操看来，只有令行禁止，他的各种改革才能有效地推进，那么曹操是通过什么办法刹住行政失灵这股歪风的呢？

扫除历史垃圾，轻装上阵

汉朝的第三个问题是行政失灵。

拿当时选官用人的制度来举例子。前文讲过，东汉末年有一种普遍现象，当时的人都以拒绝做官为时尚，以此来抬高身价，自我标榜。越是请他做官，越不出来，这个人名气就越大，朝廷就越有义务拿出高官厚禄来请。中国历史上的科举考试，一向都是卖方市场，只有东汉末年是买方市场。别的朝代，都是毛遂自荐；只有东汉末年，才要三顾茅庐。而且，要是三顾茅庐请出来的都是诸葛亮也还罢了，可当时这样大费周章请出的所谓名士，却大多数有名无实。

《抱朴子》提到东汉末年的风俗，说当时的名士做官，都崇尚夸夸其谈、不务正业，而那些勤勤恳恳、踏实工作的公务员，则被称为"小器""俗吏"——你太俗了，你不如我们高雅（夙兴夜寐，退食自公，忧劳损益，毕力为政者，谓之小器、俗吏）。这样一来，就导致行政效率非常低下，甚至行政失灵。

针对行政失灵，曹操又会拿出什么对策呢？还是一个字：课。

课，与作为法律形式的"科"是相通的，但科更多作为名词使用，而课是动词，是对科的实施。东汉末年有一部词典，叫《释名》。《释名》有云："科，课也，课其不如法者罪责之也。"也就是说，把法律当成一个标准，检查是否存在不符合法律的现象。但凡不符合，就要受惩罚。这就叫课。

《晋书》记载：曹操早年的第一个官职，是司马防给的。官渡之战结束，曹操当了三公，投桃报李，邀请司马防的两个儿子出山相助。老大司马朗应征出仕。老二司马懿就比较滑头，他学习汉朝末年那些名士的派头，不肯出来。来人询问原因，他说："我病了，瘫痪了，下不了床。"《晋书》说这是司马懿看出曹操有篡夺之心，不想与之同流合污。这是说不通的，是沿袭了晋朝人美化司马懿的说法。实际上，这就是青年司马懿沾染了汉末名士的习气，想显示自己品格高洁。他的言外之意是：你如果想让我出山，那请你拿出更高的官职来吸引我，说不定我的病就好了，就能起床了。

曹操才不吃这一套。你说你生病是吧？好，我就派人来检查你是真病还是假病。你要是假病，那你就是欺瞒官府，就违反了法律，我就要"课其不如法者罪责之"了。

瘫痪，怎么检查呢？曹操专门派了个人盯着司马懿。你不是说你瘫痪吗，瘫了你就不能起床啊，那你就给我每天躺在床上。如果你起床，那你就是撒谎。结果司马懿也不是等闲之辈，很卖力地在床上硬生生地躺了七年，差点就真瘫痪了。

最后曹操要打赤壁之战，懒得等了，派人来告诉司马懿：你肯定是在装病，我知道。大家都是聪明人，就别演戏了，快出来做官吧。你要是再不出山，我就杀了你（若复盘桓，便收之）。

司马懿没办法，一个鲤鱼打挺就起床了，出山做官。

再比如"竹林七贤"之一的阮籍，他的父亲阮瑀是汉末"建安七子"之一，与孔融齐名。曹操请他做官，他不肯。逼得紧了，阮瑀干脆逃进山里。曹操也是心狠手辣，竟然放火烧山。阮瑀被烟熏火燎，没有办法，只好出山。

在曹操的严刑峻法面前，没有哪一个名士敢拿自己的性命开玩笑。汉朝末年那种虚伪浮华的风气一扫而空，行政效率大大提升。

讲到这里，总结一下。

曹操在东汉末年所进行的政治、法律方面的种种改革，法律史上称为"名法之治"。名，就是名分。不过这个名分，不是礼仪方面的小名小分，而是制度的大名。名法之治，第一步就是要正名，也就是确立一个合理的衡量准则。具体到法律方面，就是立法。立法不正，后面的一切都免谈。立法正了，才能够走到第二步：综核名实。就是拿已经确立好的"名"衡量实际情况，看实是否符合名。具体到法律方面，就是要把一切行政活动都纳入法制的轨道中。

名法之治，在中国历史上有着巨大的贡献。

第一，从思想来看，把儒家重新拉回了正轨。

东汉以前的儒家，关注的是一个国家的根本制度是否合理，立国之本是否正当，是一种大德行。而东汉的儒家，更关注个体的小德，看一个具体的人道德品质是否过关。这种做法发展到极致，就会产生大量的伪君子。而曹操的名法之治，将政治和法律重新纳入了儒家的视野，把法制的精神重新注入了儒家的血液，把儒家拉回了正轨。

第二，从政治来看，重新构建了合理高效的政权机制。

东汉中后期以来，整个政权一直在宦官和外戚之间来回倒手。东汉末年，宦官、外戚同归于尽，行政也就失灵了。曹操的名法之治，以军事实力为保障，重新构建起了一个高效运作的政府。

从政治史、法律史的角度，笔者给曹操这样一个评价：历史的清道夫。

曹操虽然没有做出多么正面的、积极的、突出的贡献，但是他对旧的、不合理的东西，起到了一个破坏的作用。他把秦汉以来产生的大量历史垃圾一扫而空，使得后人能够轻装上阵。这就是"名法之治"的历史作用。

改变制度容易，改变人心难。名法之治虽然更新了旧制度，却没能破除旧道德、改变旧风气。为了解决这个问题，曹操在公元210年、214年、217年，先后三次发布求贤令。在这三道求贤令中，曹操竟然要在全社会范围之内公开招聘不仁不孝之徒和道德败坏之人。这件事，在当时引起了巨大的震荡，在历史上引起了无数争议，也成为后人诟病曹操的重要原因。

那么，曹操为什么要公开招聘道德败坏之人呢？为什么他会想到以招聘道德败坏之人为手段，从而起到改造旧道德的作用呢？

第十三章

求贤三令

恐怖的二十四孝

曹操为了统一思想，打击反对分子，制造了一起孔融案；为了结束乱世，重新建立一个高效运作的政府，实行了名法之治。两件事情，都收到了预期效果。接下来，曹操面临的问题就是如何改造比较顽固的社会旧道德、旧观念。

在此之前，理应先行评估一下，东汉末年的道德水准到底处于一个什么样的状态。

东汉末年，是一个乱世。提到乱世，一般的看法是世风日下，道德观念大滑坡，人心不古。东汉末年是否如此？完全不是。恰恰相反，东汉末年可能是中国古代史上最标榜道德的一个时代。举两个例子。

第一，皇帝的谥号。汉朝讲究以孝治天下，所以皇帝死了以后，谥号之中都要带一个"孝"字。比如前面提到的汉灵帝，全称应该是汉孝灵皇帝；汉献帝，汉孝献皇帝。由此可见，当时的统治者非常注重道德，道德建设要从皇帝抓起。

第二，选官用人、人物评论的标准。察举制的一个非常重要的名目，就叫孝廉。孝，孝顺；廉，廉洁。看重的都是道德品质。官方用人如此，民间评论人物亦是如此。东汉末年兴起了一股人物评论的风气，比如月旦评。当时民间评判人物的一个重要标准，就是看道德品质是否高尚。道德越高，获得的好评就越高。至于才能如何，一般是不怎么考虑的。

宋人司马光在《资治通鉴》中评价："自三代既亡，风化之美，未有若东汉之盛者也。"明末顾炎武《日知录》也叹："三代以下，风俗之美，无尚于东京者。"由此可见，东汉道德高尚、风俗淳美，在历史上是出了名的。汉末政治虽至于不振，人们却依然标榜道德。

既然东汉末年这么看重道德，为什么曹操还要改造当时的道德观念呢？

因为东汉末年的道德不正常，是一种变态的道德。古人云："百善孝为先。"就拿"孝"这一最基本的道德来举例子，看看当时的人所追捧的是一种什么样的孝。

元人郭居敬曾辑录了自尧舜时代至宋朝的二十四位孝子及其事迹，编成一部书，叫作《二十四孝》。《二十四孝》之中，三代以下（秦以后）共有十八人，其中东汉占了七位。由此可见，司马光和顾炎武认为"三代以下，风俗之美，无如东汉"的评价并不夸张。《二十四孝》中有一个故事，叫《郭巨埋儿》，说的是：东汉末年有个孝子，名叫郭巨，和母亲在一起过着非常穷苦的生活，经常吃了上顿没下顿。但是他对母亲非常孝顺，一家人倒也其乐融融。后来，郭巨的妻子生了个儿子，郭巨就觉得这个孩子是个累赘。为什么呢？他有两个考虑：第一，孩子年纪这么小，需要大人照顾，而一个人的精力总是有限的，我照顾了儿子，老娘那边就难免照顾不周，有损于孝道；第二，他发现老太太特别疼孙子，每次吃东西，总要剩下一半，自己舍不得吃，留给孙子吃。家里就那么点食物，孙子吃饱了，老太太就要饿肚子，这也有损于孝道。

怎么办呢？郭巨思前想后，想到一个办法。有一天，他就抱着这个儿子，跑到荒郊野外，在地上挖一个深坑，打算把孩子给活埋了，去掉这个累赘。没想到挖坑挖了一会儿，居然挖出一坛子黄金来。这样一来，钱有了，儿子也不用埋了，老娘也可以养了，这是一个皆大欢喜的结局。郭巨就一手抱着儿子，一手抱着金子，开开心心地往回走。

《二十四孝》，在元代以后属于儿童读物。这种故事，对儿童来讲，完全是恐怖故事，完全是噩梦。

鲁迅在《二十四孝图》这篇文章中，对郭巨进行了辛辣的讽刺。他说：我看了这个故事以后，就有两个担心。第一，我担心这郭巨当时挖地的时候，如果没有挖到这坛金子，那怎么办呢？孩子岂不是没命了？第二，我担心我爸也去学郭巨做孝子，到时候把我给活埋了，以此来孝顺我奶奶。

郭巨埋儿这个故事，从道德伦理来看极其残忍，违背了基本的人性，没有丝毫可取之处。但就是这样一个故事，在东汉时期居然得到了当时人的追捧，人们把郭巨看成是大孝子的一个典型，认为他很了不起。由此可见，东汉末年的道德文化，已经成了一种畸形变态的文化。正是在这种变态的文化土壤之上，才会滋生出前面讲过的那个所谓的青州孝子赵宣，在父母的坟墓里面住了二十多年，前后生下五个小孩，这样的怪事情来。

那么，东汉末年的畸形道德观念，问题的根源出在哪儿呢？根源在于：道德的形式主义。

东汉末年的人特别看重道德——请注意，是"看"重道德。一个人有道德，要能够让人们看得见。这样一来，人们追求的就是道德的外化形式，特别担心自己道德这么崇高，别人会不知道，就每天挖空心思，怎么能让道德表现得更加骇人听闻一点，争取能上报纸的头版头条。他们就每天琢磨着作秀、炒作、哗众取宠，这样产生的第一个问题，就是通过这种方式来出名的人，往往都是装出来的，都是伪君子；而真正有道德、有才能之人，反而默默无闻。

这种变态的道德观念，再搭配东汉时期的选官制度，就产生了第二个问题。东汉的选官制度是一种推荐制度，而且往往推荐名气大的人。因为道德这个东西，本身没法量化，只能看舆论风评。而能够激起一时舆论风评之人，往往没有真才实学，只会夸夸其谈，名过其实，清谈误国。

北宋苏东坡的《议学校贡举状》，专门评论以道德取人才的制度。他说：以德治国，本身是没有错的，但"夫欲兴德行，在于君人者修身以格物，审好恶以表俗。若欲设科立名以取之，则是教天下相率而为伪也。上以孝取人，则勇者割股，怯者庐墓"。德治的关键，是君主率先用道德要求自己，表现出正当的喜好与憎恶，以此为民间做表率。如果专门设立一个以道德取人才的制度，那就是教天下人都来做伪君子。比如君主以孝顺这种美德来取人才，那么就会产生种种怪异的事情，比如勇敢的人就割大腿上的肉给母亲吃，胆小的人就住在坟墓里面来服丧了。

东汉末年的情况，恰好相反。皇帝、外戚、宦官"豺狼当道"，毫无道德可言，不足以为民众之表率，却偏偏要责成天下人都来做君子，自然造成了真君子纷纷落马、伪君子大行其道的局面。

冰冻三尺，非一日之寒。这些问题积弊已久，曹操却想要毕其功于一役。

由于道德的形式化，"以德取士"的选官用人制度已经难以挑选出具有真才实学的人。曹操意识到了旧有制度的弊端，于是先后三次发布求贤令，不拘一格地招纳天下英雄。

不拘一格降人才

公元210年，曹操下了第一道求贤令，向全社会公开招聘杰出人才，明确提出了"唯才是举"的口号。第一道求贤令，连续追问了三个问题：

第一个问题：若必廉士而后可用，则齐桓其何以霸世？

这里用了春秋时期齐桓公的典故。齐桓公是春秋时期第一个兴起的霸主，所谓"春秋五霸"之首。齐桓公为什么能够称霸？一般认为最关键的原因，是他任用了一位非常了不起的人才——管仲。管仲的能力非常突出，但是他的道德品质很有问题，一个重大的问题就是非常贪财。据说他年轻的时候，和好朋友鲍叔牙合伙做生意。挣了钱分成，他自己总是拿得多，分给鲍叔牙的很少。后来，他在齐国做了大官，家里也很有钱，而这些钱估计也来路不正。

《论语》中，有学生问孔子："老师，你说管仲这个人能不能称为节俭呢？"孔子回答："管仲这个人，家里面光宅院就有三套。这个人如果都算节俭，那还有谁不算节俭？"（或曰：管仲俭乎？曰：管氏有三归，官事不摄，焉得俭？）

由此可见，管仲的道德问题很大。但是管仲能力非常突出，他有能力帮助齐国富强，有能力帮助齐桓公称霸。所以曹操就问了这样一个问题：如果非要用廉洁之人，那么像管仲这样的人，就不能得到任用。如果管仲不能得到任用，那么齐桓公还怎么能够称霸呢？这是第一个问题。

对这个问题，可以做两点分析。第一，管仲有点像袁绍手下的许攸。许攸也是贪财而足智多谋。袁绍有道德洁癖，难以忍受许攸的贪财；曹操却兼容并蓄，能够善用许攸的智谋，所以一成一败。曹操此处虽然用的是古典，但一定有他自己的切身经验。第二，孔子对管仲的态度，比汉末的所谓名士，要开明得多。如前所引，孔子认为管仲虽然私德有问题，却十分推崇其功业。他说：要是没有管仲协助齐桓公尊王攘夷的话，我们现在都要穿蛮夷的服饰了吧！管仲真是个仁人啊。要知道，"仁"是孔子心中的最高道德，他是不轻易以"仁"许人的。孔子称赞管仲为"仁"，可见他觉得管仲虽然私德不可取，但一码归一码，瑕不掩瑜。

第二个问题：今天下得无有被褐怀玉而钓于渭滨者乎？

这个用了姜太公的典故。民间传说，姜太公到八十多岁的时候，还是默默无闻，空负一身绝学，没有人来任用他，他就只好穿着一身破旧衣服，在渭水河边钓鱼。"被褐"，就是穿着破旧衣服；"怀玉"，形容身怀绝学。曹操就借用这个典故，大发感慨。他说：在现行不合理的评价机制之下，有真才实学的人往往就像姜太公一样，默默无闻，活到八十多岁都没人知道。当今天下，难道就没有像姜太公一样，虽满腹经纶，却默默无闻的人吗？这是第二个问题。

第三个问题：又得无盗嫂受金而未遇无知者乎？

这是用汉朝开国元勋谋士陈平的典故。

《史记》记载：陈平是一个美男子。他年轻的时候，曾经和自己的嫂子私通，这是违反人伦道德的。他先在项羽手下工作，项羽觉得陈平风评太差，把他辞了。陈平又跑到刘邦手下工作。但是，他在刘邦手下大肆贪污受贿，拿了很多钱，手脚不干净。刘邦很生气，把陈平求职的推荐人魏无知叫到跟前来，质问他："你怎么给我推荐这么一个货色？"魏无知反问了一句："您想要我推荐的，是道德模范标兵，还是能够打败项羽、夺取天下的人才呀？"刘邦没好气地说："那肯定是后者啊。"魏无知说："那我没推荐错啊，我给您推荐的陈平就是这样的人啊。"刘邦听了这话，遂信用陈平。果然陈平足智多谋，为汉朝的开国立下了汗马功劳。

曹操借用这个典故，做了一个假设。他说：假如当年，陈平没有遇上魏无知这样能真正赏识他、推荐他的人，那么他岂不是就要一辈子默默无闻？当今天下，难道就没有像陈平这样默默无闻的人吗？

最后，曹操给手下那些做人力资源工作的人员提出了要求。他说：

"二三子其佐我明扬仄陋，唯才是举，吾得而用之。"你们要协助我大力地挖掘那些被埋没起来的人才，把真正的人才推荐上来给我用，不要管这些人是不是道德有问题。只要他有才，就可以推荐。第一道求贤令，在中国历史上率先提出了"唯才是举"的口号。

公元214年，曹操发出了第二道求贤令。这一道求贤令的核心思想是：对于偏才，不能偏废。

曹操认为：天底下的人才可以分为两类，一类是全才，那就是德才兼备的人，这种人少之又少，可遇不可求。所以更多的是第二类人——有才而无德的人。这样的人，往往被埋没。因为他们道德品质不过关，而现行的人才评价机制偏偏最看重道德。所以对这样一类人才，要大力挖掘，大力抢救。这就是我们的人才政策。值得注意的是，曹操并不把"有德无才"之人看作人才。

公元217年，曹操又下发了第三道求贤令。在这道求贤令里，曹操把他要大力挖掘、大力抢救的人才，具体划为五大类，把"唯才是举"的思想发挥到了极致：

第一类，出身低贱的人。

像商朝的伊尹和傅说，一个做过厨师，一个做过瓦匠，都是奴隶出身。但是伊尹是商朝的开国元老，傅说是中兴名相，都非常了不起。

第二类，有仇的人。

典型就是管仲。管仲最早是公子纠的手下，公子纠是齐桓公的君位竞争对手。管仲为了帮自己的主子夺取君位，曾经射了齐桓公一箭，差点把他给射死了。二人之间，有一箭之仇。但后来齐桓公不计前嫌，仍然能够重用自己的仇人管仲，最后得以称霸。

第三类，文俗之吏。

用今天的话讲，就是基层公务员。比如萧何、曹参，这两个人在秦朝的时候，都是县里面打杂的，是较底层的公务员。但最后，他们都做到了汉朝的宰相。

第四类，道德品质有瑕疵的人。

比如刚才讲到的陈平，他"盗嫂受金"，道德有瑕疵；再比如韩信，甘受"胯下之辱"，在别人的裤裆底下钻过。这种人在当时，都是被人嘲笑的，后来却成了非常伟大的军事家。

第五类，道德品质有严重缺陷的人。

这个典型就是战国时期的名将吴起。吴起年轻的时候，在外地读大学。老家传来消息，他的母亲去世了。吴起听说此事，居然不回家奔丧，而是一心钻研他的学问，这叫"母死不奔丧"。他的老师，是孔门最重孝道的曾子，一怒之下就把吴起逐出师门。吴起后来去鲁国找工作，鲁国的国君表示很为难。他说："我们鲁国最近正在跟齐国打仗，而你老婆又是齐国人。我们将来和齐国打起仗来，你保不齐帮哪边，所以我们对你不放心，不能够任用你。"吴起听了这话，二话没说，回到家里，操起一把刀，就把老婆给宰了。他提着老婆的首级，来到鲁国的朝堂之上，向国君献忠心，表明自己忠于鲁国。吴起就这样在鲁国当上了将军。这叫"杀妻求将"。吴起这样一个人，应该说道德品质极其败坏，但是这个人的才能也是非常突出，在军事方面，是百战百胜的一代名将；在政治方面，主持变法，使得楚国迅速强盛。

曹操就举这五类人做例子，最后得出一个结论。他说：无论你是"负污辱之名"，名声不好的；"见笑之行"，被大伙儿嘲笑的；甚至是"不仁不孝"之辈，像吴起那样道德极其败坏的，都没有关系。只要你有一技之长，我的大门向你敞开。

以上三道求贤令，统称为"求贤三令"。中国历史上的求贤令很多，但是曹操这样公然招聘不仁不孝之徒，称得上空前绝后。那么，曹操为什么要公开招聘道德败坏的人呢？

招聘的行为艺术

也许有人认为：汉末三国，群雄纷争，人才难得。所以这个时候就别挑三拣四了，海纳百川，有容乃大，把人才先吸引过来再说吧。

这个说法，值得商榷。

第一，如果公开标榜招聘道德败坏之人，会使有德之人不愿意同流合污。

正如宋人王安石《读〈孟尝君传〉》说的："鸡鸣狗盗之出其门，此士之所以不至也。"如果降低人才标准，尽招一些鸡鸣狗盗之辈，那么真正的人才也就不屑于来了。

第二，求贤三令的目的，主要不是求才。

不妨关注一下求贤三令的发布时间，分别是公元210年、214年、217年，也就是赤壁之战结束以后。此时，天下三分的格局已经大体奠定，主要人才也有了归属。曹操最求贤若渴的时代，早已经过去了。此后也并没有听说，他从吴、蜀两方，吸引来了什么特别的人才。所以，求贤三令在历史上并没有收到求才的效果，我觉得其原初目的也不是求才。

求贤三令不为求才，那为什么呢？

我认为，曹操发布求贤三令，主要有三个考虑。

第一个考虑，矫枉必须过正。

东汉末年过分看重道德，轻视实际能力。道德形式主义的不良社会风气，积弊已久。要想矫正这种不良风气，你光说：咱们不能只看重道德，也要看重才能啊，才能和道德二者不能偏废，二者要并重啊！这话对是对，但过于四平八稳、中规中矩，是一句正确的废话，不会引起社会上的讨论和反思，不会引起人们的注意。所以曹操才故意公开喊出口号，故意强调：我偏要搞唯才是举，我偏要招聘不仁不孝之徒，我就是不看重道德！曹操当然不是不知道德才兼备最好。他是在故意引发争议、制造噱头。他的求贤三令，相当于一种行为艺术，故意采取了一种夸张的表现手法，来引起全社会的广泛讨论和反思。

第二个考虑，为自己辩护。

曹操是宦官的孙子，被当时的儒家士大夫看不起。就算曹操做到了曹丞相，但儒家士大夫还是把他看成一个暴发户，跟诗礼传承的世家大族不可同日而语。曹操本人当然也不打算去学习这些世家大族。附庸风雅、装腔作势挤进所谓的上流社会，那是曹操年轻时代的表现。如今，曹操已经掌握了话语权。他采用的是一个相反的手段：我自己不会往上凑，但是我偏要把你们这些人都给拉下马，大家谁都别装，大家都拿出本色来。潮水一退，哪个不是在裸泳？

所以曹操发布求贤三令，破除旧的道德观念，促成价值的多元化，为自己的行为方式、个性模式找到合理的依据。你们上流社会讲究穿着，要戴礼帽，冠冕堂皇，衣冠楚楚，我偏偏不戴礼帽，我就随便系个头巾，你敢说衣冠不整者不得入内吗？你们讲究笑不露齿，我偏偏要放声大笑，龇牙咧嘴，把满口的牙都龇出来，你敢有意见吗？

根据史书记载，曹操曾经有一次在一个高级的社交宴会上，吃饭的时候哈哈大笑，笑得前仰后合、手舞足蹈，把整个脸都埋进了杯盘之中，抬起头来的时候，满脸都沾满了米饭粒和菜汤。（"欢悦大笑，至以头没杯案中，肴膳皆沾污巾帻"）由此可以看出，曹操是非常随性的一个人，他不习惯装腔作势、故作斯文。

不仅是生活作风，曹操在婚姻问题上，也充分体现了不拘礼法的性格。

曹操的正妻卞夫人，出身倡伎，是音乐工作者。在当时来讲，也就是唱个小曲儿、跳个舞，卖艺的，出身非常低贱。但曹操并不在乎，娶进门来。曹操的妾，有好几个曾经是寡妇，曹操也不介意。曹操还专门叮嘱她们："我将来死了以后，你们也别傻乎乎地在这儿守寡，没有必要，都赶紧找一个好人家给嫁了。但是有一样，你们要记得跟你们新老公宣扬我的好处。"（"顾我万年之后，汝曹皆当出嫁，欲令传道我心，使他人皆知之。"）由此可见，曹操这个人非常随性。正是因为求贤三令的公开倡导和曹操本人的身体力行，到了魏晋时期，中国人终于能够从传统礼教的束缚之中挣脱出来，迎来了个性解放的高潮，史称"魏晋风流"。相关的故事，《世说新语》记载了很多，此处不赘。

第三个考虑，为自己的人才政策辩护。

为什么你们都说孔融是人才，我却偏偏要杀？就是因为他是伪人才！为什么你们认为道德有问题的人，我却偏偏要用？正是因为他们虽然不符合世俗的人才标准，却符合我曹操的人才标准！

曹操不仅是这样说的，也是这样做的。除了前面提到的许攸，还可以举个例子。曹操手下有一个人，名叫丁斐。这个人非常有才干，但是有一个缺点，手脚很不干净，喜欢偷拿公家的东西。司法官员几次三番告状，曹操总是大手一挥，从轻发落。司法官员很不理解，问道："大人，您养这么一个贪官，图什么呢？"曹操说："我养着丁斐，就好像家里养了一条狗。虽然有的时候会馋嘴，会偷点儿肉吃，但是可以帮我捉老鼠，帮我看守粮仓。总的来讲，还是利大于弊嘛。"（"我之有斐，譬如人家有盗狗而善捕鼠。盗虽有小损，而完我囊贮。"）

东汉末年，野猫比较多，家猫还不普及，所以捉老鼠的重担就落在了狗的肩膀之上。什么时候家猫才普及呢？明朝人张岱的《夜航船》记载：唐僧西天取经，从印度取回了佛经，捎带引进了家猫。从此以后，狗就退居二线了，狗拿耗子反而变成了多管闲事。这是一段题外话。

总之，由此可见，曹操用人，总能够发挥人的长处，避免其短处，这在历史上是非常了不起的，也是曹操对自己能力足够自信的表现。春秋鲁国有个乱臣，名叫阳虎。此人与曹操差不多，也是霸道狡诈的权臣。他后来在鲁国失势，跑去赵国。赵国执政赵鞅重用了他。有人劝说赵鞅：阳虎狡诈，是个乱臣贼子，不可重用。赵鞅说：没事，我拿得住他。果然，阳虎在赵犨手下，居然乖乖地成了个得力助手。曹操的驭人之术，与赵犨一样：司马懿是老谋深算；贾诩反复卖了多少个主子；夏侯惇、刘晔都是十几岁就敢拔刀杀人的狠角色，在他手下，无不乖乖卖命。清人赵翼评价三国君主各自的用人特点："曹操以权术相驭，刘备以性情相契，孙氏兄弟以意气相投。"可谓的评。

这里有一个问题。前文说曹操实行名法之治，执法严格；这里又说曹操用人不计较小毛小病，丁斐犯了贪污罪，曹操从轻发落。两者之间，是不是矛盾的呢？

三个人的三种选择

其实，把两方面综合起来，才可以看到一个完整的曹操。

曹操名法之治，和今天提倡法治不是一回事。今天说的法治，是有法必依，不能搞特权，要以法律作为定罪量刑的唯一标准。曹操的名法之治所反对的司法随意，是反对以感情因素、道德良心作为判案标准。那拿什么作为判案标准呢？取而代之的，不是法律，而是利益。

曹操割发代首，换来的是三军将士严格守法，利大于弊，所以我就选择严格执法、割发代首。杀丁斐，丁斐才贪污几个钱？杀了他，给我造成的损失却非常之大，完全是得不偿失，所以我就选择不严格执法，对其从轻发落。

要法治还是要人治？这两者在曹操手里，只不过是两个工具而已，是可以选择的。这就是法律的实用主义。从求贤三令来看，也是如此。道德是虚的，对曹操来讲没有用。一个人是不是人才，就看你能不能给我带来实际的利益。能，那你就是人才；不能，那你道德再高尚也没有用。法律的实用主义，带来的恶果一定是道德的虚无主义。

说到这里，不妨从更宏观的角度，引入两个人物作为参照系，进行观察。

汉末的道德问题，许多人都看到了。但是，不同的人做出了不同的回应。

孔融，抨击伪道德，干脆说父母对子女没有恩情可言，反对孝道。结果他的嬉笑怒骂、正话反说，反而被政敌利用，将他送上了断头台。

曹操，提倡不道德，干脆说我就是要任用不仁不孝之人，大家谁都别装，伪君子不如真小人。为此，他发布了求贤三令。效果如何呢？东汉末年，虽然搞形式主义的道德，但毕竟还拿道德来做一块最后的遮羞布。毕竟小人还装成君子的样子，不敢原形毕露。为什么要装？因为不道德不具有合法性。而曹操发布求贤三令，遮羞布都不要了。顾炎武《日知录》沉痛地说："夫以经术之治，节义之防，光武、明、章数世为之而未足；毁方败常之俗，孟德一人变之而有余。"道德仁义，东汉百年建之而不足；毁灭伦常，曹操一人坏之而有余。这绝非苛评。

诸葛亮，身体力行真道德。他明白，汉末的道德，最大的问题就在于说的人太多，做的人太少。孔融以反讽的方式抨击伪道德，曹操以退而求其次的方式提倡不道德，都非正道。所以诸葛亮以精纯的道德、深厚的涵养，济之以务实而不迂腐的处事策略，鞠躬尽瘁，死而后已，身体力行展现了三代以下、一代完人的真道德。南宋朱熹素以严格的道德标准苛责历史人物，但仍心悦诚服地以诸葛亮为"五君子"之首，这不是没有根据的。[1]

三道求贤令，突出反映了曹操"唯才是举"的观点。有趣的是，曹操不仅在政治和军事领域坚持这一观点，甚至把"唯才是举"贯彻到了自己的家事之中。随着晚年的到来，曹操不得不把选拔事业接班人的问题提

---

[1] "五君子"分别是诸葛亮、杜甫、颜真卿、韩愈、范仲淹。见《朱子文集》之《王梅溪文集序》。

上日程。按理来讲，中国古代实行的是嫡长子继承制，只需要立长子就可以了。但是曹操作为一位父亲，偏偏不按常理出牌。在选择接班人的问题上，他也想搞一次唯才是举。那么，这次接班人的选拔，都有哪些候选人呢？曹操那么多优秀的儿子，究竟谁会笑到最后呢？

第十四章
诸子夺嫡

曹操离婚那点事儿

曹操在短短八年间，连续下发了三道求贤令，提出了"唯才是举"的用人理念，以此摧破当时社会的旧观念。他本人，正是这一理念的身体力行者，甚至把"唯才是举"贯彻到了选择接班人的问题上。

要想理解曹操在选择接班人的问题上有哪些与众不同之处，有必要先了解一下中国古代的"继承法"。中国早在西周时期，就已经确立了"嫡长子继承"的基本原则。什么叫"嫡长子继承"呢？

常有人误会，认为中国古代的婚姻制度是一夫多妻制，实则不然。准确来讲，应该是一夫一妻多妾制。可能有人觉得：这有什么区别呢？不都是一个男人可以娶好几个女人吗？当然有区别，区别体现在法律上。

中国古代，一名男性，只能娶一名正妻。要是立两个正妻，那是违法犯罪行为，相当于今天的重婚罪。《唐律疏议・户婚律》规定："诸有妻更娶妻者，徒一年。"一个男子已经有太太了，再娶一个的，判处一年有期徒刑。

有人说：妻子不妻子的，不就是个名分吗？没关系，我多娶几个妾，我对自己的小妾特别宠爱，好像对待妻子一般；至于妻子呢，我冷落她，让她独守空房，把她实际上当小妾对待。这样是否可以？当然不行，也是犯罪。《唐律疏议·户婚律》也有规定："诸以妻为妾，以婢为妻者，徒二年。"违反此条，判得更重，两年有期徒刑。

当然也不是没有例外。西晋的开国元勋贾充，先娶了一个姓李的太太，后来李太太因为她爹犯罪受牵连，流放边境，贾充就又娶了一个郭太太。几年后，李太太刑满释放，回来了，这就有俩太太了，怎么办呢？晋武帝司马炎特地下了一道诏书，特许贾充有左右二夫人，这是历史上非常罕见的特例。

一般来讲，一个男人只能有一个正妻。正妻生的儿子就是嫡子；妾生的儿子，就是庶子。嫡子的继承权，远远优先于庶子。正妻生了很多嫡子，谁有最优先的继承权呢？嫡子中年龄最大的一位，也就是嫡长子，由他继承父亲政治方面的遗产和权力。其他小孩，只能分点经济上的财产。

按照中国古代的继承法，只有嫡长子有恶病，比如严重残疾，或者先天性痴呆、精神不正常，其他儿子才有机会。否则，继承人只能是嫡长子。至于嫡长子是不是几个儿子中最优秀的一个，这是无所谓的。这就是中国古代继承法的基本原则："立嫡以长，不以贤；立子以贵，不以长。"（《春秋公羊传·隐公元年》）

这个继承法则，与现代人的观念有很大的差别。君主的家族继承，涉及一国之兴衰存亡，可不慎哉！难道不应该精心挑选最优秀的儿子，作为下一任君主吗？如果嫡长子资质平庸，甚至昏庸残暴，而偏偏老二、老三脑子比较灵光，难道不应该废长立幼吗？

其实，嫡长子继承制，不是某个人想出来的办法，而是在几千年血与火的考验中，以无数血淋淋的教训中总结出来的宝贵经验。

我们不妨假设，如果把《春秋公羊传》那句话反过来——"立嫡以贤，不以长"，选最优秀的儿子而非长子当继承人，会导致什么后果？

每个儿子都会有机会，他们一定会不遗余力竞争上岗。竞争的办法，一方面是伪装自己，把自己扮成大贤人；另一方面就是中伤对手，甚至迫害对手。而现任君主手下的文武大臣，为了风险投资，现在扶植一个太子，将来就可以成为从龙之士，就有拥戴之功，也会分化成好几派，帮助自己看中的皇子，打击其他皇子。这就是党争。

如果每个君主选继承人都这么搞，后果不堪设想。所以，大致在西周初年，逐渐确立了嫡长子继承制。谁能成为下一任继承人，完全看血缘，完全由天定。具体嫡长子位置上的是哪个具体的人，并不重要。就算这个嫡长子还没有出生，位置已经给他预留好了。其他儿子，不要有任何非分之想，生来就是做臣子的命。所以，嫡长子继承制的最大好处，就是稳定。

任何制度，有优点，一定会有缺点。追求完美无瑕的制度，那是理想国、乌托邦。务实的政治家，只会考虑如何在具体的历史条件之下，尽力克服现有制度的缺点，扬其长而避其短。

嫡长子继承制的缺点，就是嫡长子本人的能力问题。为此，一方面，太子的教育制度是中国古代君主制度的重要一环。大约自西汉文帝开始，一个太子出生之后，就由一群精心挑选的德才兼备的人物担任他的导师；经过十几年的言传身教，成年之后，再进行行政能力的历练。一般来讲，等这个太子继承君位，能力不至于太差。

另一方面，中国古代设立了丞相制度。君主是世袭产生的，标准是血缘；丞相是选举产生的，标准是能力。中国古代政治文化中，理想的君主应该垂拱而治、清静无为，将朝廷大事托付于丞相。丞相制度，也是嫡长子继承制的重要救济。

嫡长子继承制，也许不是最合理的继承法，但肯定是最保险的继承法。这就是中国古人在当时历史条件下的立法智慧。

曹操的嫡长子是谁呢？曹昂。

曹操的第一任正妻是丁夫人，但丁夫人没有小孩。曹操当时还有个姓刘的妾，曹昂就是这位刘氏所生。刘氏死得早，曹昂就由丁夫人带大，成了曹操的嫡长子。曹操很器重曹昂，把他当继承人培养。

第一，曹昂二十岁，曹操就设法使他被推举为孝廉。曹操本人，就是通过家族运作，二十岁举孝廉起步，一路走到今天。曹昂举孝廉，可以看出曹操想让这位嫡长子沿着自己的足迹，复制自己的成功，继续往下走。

第二，曹操行军打仗，总把曹昂带在身边。曹昂二十岁时，时代已经和曹操二十岁时大不一样了。曹操二十岁，朝廷腐败归腐败，天下还是太平之世；而曹昂二十岁，天下大乱，军阀割据。所以光举孝廉是没有用的，必须会打仗，成为能征善战的军事统帅。所以曹操行军打仗，总是带上曹昂，希望对他言传身教，让他耳濡目染，增长军事方面的经验，掌握用兵的精髓。

但是非常不幸，曹昂没能通过战争的残酷考验，竟然因为曹操的一次失误，断送了年轻的性命。

公元197年，曹操带兵攻打军阀张绣。张绣感到实力悬殊，干脆献城投降。曹操志得意满，进入城中，居然看上了张绣的婶婶。张绣的叔叔已死，这位婶婶守寡，据传很有姿色。曹操遂将之纳入后帐。张绣感到受了羞辱，勃然大怒，突然反戈，发动偷袭。曹操措手不及，一败涂地。这是曹操人生中输得最惨的战役之一。曹昂，就在这次战斗中阵亡了。

曹昂死后，丁夫人十分悲痛。她虽然不是曹昂的生母，但毕竟有养育之辛苦，处出感情来了。更重要的是，丁夫人自己没有子嗣。她一心想着曹昂如果能够成为继承人，自己也好"母以子贵"，巩固作为正室的地位。但如今，唯一的希望居然死在了战场上，丁夫人自然不胜悲伤。

她又看到，曹操居然每天还是那么冷静地处理政务，完全没有一点儿悲伤的意思，觉得很惊讶，也很愤怒，质问道："你儿子都死了，你居然一点儿反应都没有，你还是不是人？你还有没有人性？"她三天两头朝着曹操发脾气。

曹操一开始还忍着，毕竟丧子之痛，也是人之常情。但到后来，忍无可忍，就把丁夫人赶回娘家去了。

整个世界都清静了！曹操清静下来以后，仔细想想，觉得自己做得也有点儿过分，又觉得双方都冷静过了，大概可以和解，就亲自去丁夫人的娘家，想把她接回来。当时丁夫人正在织布，曹操先派人进去通报："曹大人来了！"丁夫人毫无反应，继续织布。

曹操没办法，只好亲自蹑手蹑脚地走进去，用手拍拍丁夫人的背，温柔地说："跟我回去吧？"（顾我共载归乎？）丁夫人还是不理不睬。曹操感到很没面子，拔腿就往外走。走到一半，忍不住又回头问："真不跟我一块儿回去吗？"（得无尚可邪？）丁夫人将沉默进行到底。曹操一发狠，说了句："那拉倒吧。"（真诀矣！）双方办理离婚手续。

曹操和丁夫人离婚以后，正妻的位置就空了出来，嫡子的位置自然也空了出来，散发出诱人的气息。这两朵花，会落在谁家呢？曹操的几个儿子，又会打响怎样的夺嫡之战呢？

天才薄命，普通人才有机会

接丁夫人班的，是曹操的小妾，出身于倡伎的卞夫人。

卞夫人虽然出身卑微，但很有魄力。当年董卓乱政，曹操孤身一人逃离洛阳城往东跑，没有告诉家小。袁术冒冒失失跑去曹家传信，说曹操死了。曹操的其他妻妾一听，都打算散伙，各回各家，另觅夫君。唯有卞氏，不仅不为所动，还极力阻止。她说："夫君到底死没死，还不确定。你们今天跑了，他明天回来了，你们还有何颜面见他？更何况，就算夫君真死了，我们作为妻妾，难道不当共患难？"后来曹操听说此事，对卞氏另眼相看。与丁夫人离婚之后，曹操就把卞氏扶正。

卞夫人有四个儿子，其中一个早夭，剩下三个，个个非常优秀：长子曹丕，足智多谋；次子曹彰，武艺高强；三子曹植，文采风流。可以说，他们各继承了老爸曹操的一部分优良基因。

那么，这三个优秀的儿子，谁最有希望继承老爸的王霸之业呢？

很遗憾，最有希望的不是他们三个，而是另有人在。曹操是位很有想法的父亲。古代对政治遗产继承人的规矩，什么"立嫡以长不以贤"，都是约束凡人的，在曹操这样不按常理出牌的人眼中，就是废纸一张。世人遵守那些繁文缛节，我曹操偏偏要反其道而行之，偏偏要"立嫡以贤不以长"，要"唯才是举"！

那么，曹操的儿子之中，谁最有才呢？

曹丕、曹植的确算是诸子中的佼佼者了。但是在另一个儿子面前，还是黯然失色。这个儿子，就是曹操的小儿子——曹冲。

如果说曹丕、曹植，都是几十年难得一见的人才，那么曹冲就是百年难遇的天才。关于曹冲，流传最广泛的，是"曹冲称象"的故事。《三国志》记载：曹冲五六岁的时候，江东的军阀孙权进献了一头大象。北方很少见到如此庞然大物，曹操率领众人一齐观赏，啧啧称奇。曹操突发奇想，问道："这大象有多重？"众手下都犯了难。当时可没有能称量大象的体重秤。只有曹冲，应声道："这很简单，让大象上船，看水面在船帮的哪个位置，画一条刻度线。再让大象上岸，把石头装到船上，一直到水淹刻度线为止。最后称量一下石头的重量，不就等于大象的重量了吗？"曹操与众人听闻，又惊又喜。

曹冲称象的故事，家喻户晓。下面再讲一个故事。

曹操搞名法之治，执法近乎苛刻。他有一副马鞍，存放在仓库。有一天，保管员打开仓库，检点物品，突然发现：这副马鞍被老鼠咬坏了，东缺一块，西缺一块，没法用了。仓库保管员吓坏了：这要是被曹操知道了，那可怎么了得？要不我去自首吧，争取宽大处理！

曹冲得知此事，说："你不用怕，先别忙着自首。三天以后，你再去。"曹冲找来一件自己的衣服，拿把小刀在衣服上戳了好几个洞，放起来；然后皱着眉头低着头嘟着嘴，一副垂头丧气的样子。

曹操看到小儿子不高兴，就问："你怎么啦？谁欺负你了，告诉我，老爸给你出气！"曹冲说："我听大人说，东西被老鼠咬了，就会倒霉。我的一件衣服被老鼠咬了，所以心里很难受。"曹操赶紧开导："没有的事情，那都是迷信。别相信！"过了两天，仓库保管员来自首，说："曹大人，您的马鞍存放在仓库中，小人保管不力，被老鼠咬坏了！请您治罪！"曹操哈哈大笑："我儿子的衣服，成天就在眼前，尚且被老鼠咬坏了；马鞍存放在仓库，你又不可能每天看着它，被咬坏再正常不过了！"摆摆手说没事了。

从这个故事可以看出：

第一，曹冲确实聪明。

曹操小时候，也要诡计骗过他的老爸和叔叔。曹冲呢，也是小小年纪骗老爸。但是，曹操他爸那是什么水准？岂能和曹冲他爸相提并论？由此可以看出，曹冲青出于蓝而胜于蓝。

第二，曹冲有仁义之风。

曹操骗他爸，是为了从事违法犯罪活动；曹冲骗他爸，是为了救人性命。两者一对比，有天壤之别。

所以，曹操最心仪的接班人选，当然是曹冲。

但是，非常遗憾，在赤壁之战这一年，也就是公元208年，爆发了一场罕见的大瘟疫。天妒英才，天才儿童曹冲就在这场瘟疫中染病身亡，年仅十三岁。

曹冲死后，曹操非常悲痛，每天痛哭流涕，身体也一天天地垮下去。

曹丕看不过眼,劝慰曹操:"父亲大人,人死不能复生,您还是节哀吧,身体要紧啊!"

曹操红着眼睛,冷冷地瞥了一眼曹丕,丢下一句话:"此我之不幸,而汝曹之幸也。"曹冲之死,是我的不幸。我这么大年纪了,白发人送黑发人,人世间最大的惨剧莫过于此。但是曹冲之死,却便宜了你们这群小兔崽子,是你们的幸运。

曹操这句话,吐露了他掩埋在内心深处的一个秘密:他早已经把曹冲看作心目中的最佳接班人选了。曹丕后来当了皇帝,也曾经说:"按照次序,当然应该是我的兄长曹昂当继承人。他要是活着,就没有我的机会。不过,我的弟弟曹冲要是活着,我也不会有今天。"

可惜,这个不世出的天才儿童,生命永远定格在了十三岁。天才薄命,普通人才有了机会。

曹丕PK曹植

庶子之中,除了曹冲,再也没有强有力的竞争者。人选还剩下三个,也就是卞夫人的三个儿子:曹丕、曹彰、曹植。这三个人里首先退出选举的,是曹彰。

曹彰的武功之高强,还远在曹操之上。史书说他不仅精通骑马射箭之术,而且能与熊、虎一类的猛兽格斗。不仅如此,曹彰的军事才华也相当出众。有一年,北方胡人叛乱,曹彰亲自前往镇压。他赶到当地,发现士兵很少,仅有一千步兵、数百骑兵。曹彰毫不畏惧,率兵出战,引弓射箭,每一箭都射死一名胡兵。胡人大惊失色,纷纷逃窜。在搏杀中,曹彰身中数箭,却满不在乎,意气风发,一直追出去二百里远。

曹操一开始也有一点培养曹彰的意思。他劝曹彰:"你武功是很高强,但是这只是'一夫之勇'。你再猛，能打过几个人？所以文化课也不能荒废，要多读点书。"曹彰一口拒绝："大丈夫就应该像卫青、霍去病那样，统兵十万，驰骋沙场，保家卫国。读书干什么？我又不考博士。"（"何能作博士邪？"）

曹操听了，哈哈大笑。他明白了：我这个儿子是个将才，但是不适合做一国之君。

还剩下曹丕和曹植两个人。曹操想要考验一下曹丕、曹植的才能，以确定自己的继承人。考验儿子，这可是一件技术活儿，玩好则罢，玩不好可能玩火自焚。东汉末年的大军阀袁绍和刘表，都是前车之鉴。这两个人，都是因为既想用大儿子，又宠爱小儿子，迟疑不决，搞得手下人心分离，最后走向了灭亡。

但是，曹操和袁绍、刘表不同。袁绍、刘表优柔寡断，不能尽早确立继承人，所以把事情搞得很被动；曹操决定主动挑起两个儿子之间的较量，以观察孰优孰更优。

按照继承法，卞夫人转正以后，曹丕就是嫡长子，曹植是没有机会的，没有考虑的余地。但是，曹操不按常理出牌。在曹丕和曹植之间，从感情上讲，他是偏向曹植的。因为曹植实在太优秀了，太像年轻时候的曹操了。

我们先来隆重介绍一下曹植。

曹植，字子建，浊世翩翩佳公子，自屈原、司马相如以降，一直到李白出世之前，曹植就是中国历史上最负盛名的才子。众所周知，曹家父子三人都很有文采，诗歌、文章都写得非常好，史称"三曹"。但是，如果说曹操是三百年一出的君主，曹丕就是五十年一出的皇帝，而曹植则是五百年仅出的大文豪。他在中国历史上的文名，几能掩盖父亲的地位；比起曹丕，更是皎洁明月与腐草萤火的区别。南朝有个诗人，名叫谢灵运，此人才华横溢，性格狂傲。他有一句名言："天下的才气，一共有一石。曹植一个人，占了八斗。我占了一斗。从古至今，其他人共享一斗。"这就是成语"才高八斗"的出处。曹植的才华，由此可见一斑。

曹植从小就显露出了过人的文学天分，十岁就能背诵诗论辞赋数十万言。有一次，曹操微笑着看小曹植的文章，看着看着，面容严肃起来，最后抬起头喝问："这是你找哪个枪手代写的？"小曹植双膝跪地，说："我言出为论，下笔成章。信不信当场试验，我怎么会去找枪手呢？枪手哪有我写得好？"（"顾当面试，奈何倩人？"）

公元212年春，曹操花了三年时间，造了一个巨大的工程——铜雀台，心情大好，就领着儿子们和一群当时最杰出的文人，一起登台远眺。兴致勃勃的曹操命儿子们各写一篇赋。别的儿子都知道，这是在考曹丕和曹植呢，俺们只是配角，所以都埋头作思索状，随便凑点字数交上去就算了。曹丕还在皱眉头咬笔管搜肠刮肚的时候，曹植已经落笔成章了，交给曹操。曹操一看："哦，这么快？我看看。"细读一遍，文采粲然可观。

这件事触动了曹操的心弦。第二年，朝廷封曹操做了个"魏公"。公爵的赐予，意味着曹操正式成为一名诸侯，可以建立自己的诸侯国了，当然也可以立诸侯国的世子，将来继承爵位。曹操没有急着立世子，他开始对两个儿子进行或公开或秘密的考试。夺嫡战役正式打响。曹操的手下，也就顺理成章分成两拨，分别拥护曹丕和曹植。

曹丕的主要帮手，一个是陈群，他是东汉源远流长的世家大族颍川陈氏的后裔，很有政治才干，后来创立了中国历史上影响深远的九品官人制度；一个是司马懿，玩权谋的高手；还有一个吴质，也是智计过人。曹植的主要帮手，是名满天下的大才子杨修。作战双方介绍完毕，比赛开始。

第一回合：智力抢答。

曹操现场提问，让两个儿子来回答，主要都是政务方面的问题，有点儿像今天公务员考试的申论。按理来讲，这是曹丕的长项。结果呢，曹丕的回答只能说中规中矩，正常发挥；曹植却每次都应声答出，答题思路清晰，语言表达能力突出，简直可以打满分，完全是超常发挥。曹操很纳闷：你今天打鸡血了？怎么回答得这么好？派人下去一调查，才发现是杨修帮助曹植预先做的押题和参考答案，让曹植背熟了来回答，当然就能得高分了。曹操非常恼火。

战果：曹植作弊，判负。

第二回合：完成出城门的任务。

上一题是口试，这一题是实战演习。曹操给曹丕和曹植下了一道命令：你们各出邺城的一个城门。暗中又叮嘱守门官：你千万不要放他们出去，我要看看他们有什么办法。

曹丕走到城门口，被守门官阻挡，死活不让他过去。这能有什么办法？灰头土脸回来了。再看曹植。曹植走到城门口，也被守门官给拦住了。曹植二话不说，拔出宝剑，一剑刺死守门官，踩着他的尸体大踏步走出城门，圆满完成任务。曹操又惊又喜，夸曹植：你杀人不眨眼的样子，很有一点儿你爸爸年轻时候的神韵啊！结果手下的人调查以后，回来报告：曹大人，这次又是杨修给曹植公子出的主意。曹操再一次火冒三丈。

战果：曹植又作弊，负两局。

第三回合：检举与反检举。

曹植这边，杨修挨了两闷棍，也特别郁闷：我就不信了，你曹丕就完全没有找人帮忙？他派人每天在曹丕住宅的大门口蹲点，等了好几天，终于有消息说：曹丕每天把他的一个帮手吴质，藏在一个大笤筐中，上面蒙上布匹，假装成往府里运布，实际上是把吴质运进府里商量办法。杨修喜出望外：终于也被我抓到你的小辫子了！屁颠屁颠跑去报告曹操。

曹操的身边，有曹丕的眼线，连忙告诉了曹丕。曹丕很害怕，问吴质：这可怎么办？吴质说："这事小菜一碟，明天你就真的运一车布进府好了。"曹丕依计而行。果然，第二天曹操派人来检查了，把一笤筐的布全部倒出来，笤筐见底了，哪儿有吴质？手下把结果报告给曹操，曹操勃然大怒：杨修鼠辈，竟敢挑拨我们父子之间的感情？曹操的怒气值爆满。

战果：杨修"诬蔑"竞争对手，负三局。

从表面上看，曹植连输三局；其实，这三局比试，最大的失败者是杨修。曹操通过这几场比试，无非得出这样一个结论：杨修把我儿子曹植给带坏了。这为后来的杨修之死埋下了伏笔，对曹植却并没有太大的损害。曹操的内心，仍然偏向这个才华横溢、有自己当年之风的儿子。

所以，不管曹丕和曹植愿不愿意，明争暗斗还得继续。

聪明人面前，无谋胜有谋

曹操为了选出最佳接班人，在曹丕和曹植之间挑起了一场竞赛。曹植虽然连负三局，却对夺嫡之争没有决定性的影响。

曹丕急了。之前的夺嫡斗争，我曹丕可谓占尽上风。我弟弟曹植呢，连负三局。从这一点来看，我的世子之位应该说是稳如泰山。那曹丕急什么呢？

曹丕的担心，来自最近一次曹操和曹植的谈话。最近孙权经常骚扰边境，曹操就组织了一次军事出征，亲自率军讨伐孙权。出兵之前，曹操做了一个安排，说了一句话。

曹操的一个安排是，让曹植留守后方。这是有很重的政治暗示的。历朝历代，君主出征，太子监国，那是顺理成章的事情。以前留守后方，也一直都是曹丕的分内之事。这一次居然换成曹植留守！这就不能不引起曹丕的担心。

更加让曹丕感到惊心动魄的，还是曹操临走之前说的那句话。

曹操对曹植说："我事业刚起步的时候，正是二十三岁；你今年也二十三岁了，要好好加油哦！"（"吾昔为顿丘令，年二十三。思此时所行，无悔于今。今汝年亦二十三矣，可不勉与！"）这句话换在普通人身上，不过是父亲对儿子的口头勉励而已，没什么大不了的，可是放在曹操身上就不同了。你事业刚起步的时候？你的事业是什么事业？王霸之业啊！你要曹植加油是什么意思？这不就差明说他是你的继承人了吗？

曹丕简直想不通：我这个弟弟到底是哪里这么吸引我爸的？无论是朝中的口碑、行政的手段，还是领兵作战的能力，甚至政治野心，我曹丕哪样不胜他一筹？曹丕简直觉得，如果将来曹植上位，连是否忍心逼汉献帝下台都是个疑问。

曹丕有时候也想，是不是弟弟的文才打动了我爸的？所以他也附庸风雅，把建安七子中的徐干、应场等一大批文人墨客都聚拢在自己帐下，大搞文学沙龙。

曹丕生怕自己的才华不被曹操知道，就在自己的《典论》中加了一篇《自叙》，说：我六岁学射箭，八岁能骑马射移动靶，文能通五经、四部、《史记》、《汉书》、诸子百家之言，武能以甘蔗击败剑术高手……。为了达到传播的目的，曹丕像发传单一样把这本自传到处送人，想必当时朝中人手一份。甚至连大江对岸的孙权和张昭，都莫名其妙地收到了曹丕快递送来的这本限量版签名本自传，请他们雅正。（"以素书所著《典论》及诗赋饷孙权，又以纸写一通与张昭。"）

什么手段都使上了，什么手段都用完了。公元216年，曹操晋爵魏王。王太子一位，依旧空缺。

曹丕实在没辙了。走投无路的时候，他突然想到了一个人。这个人，智力之高超，就连曹操都要让他三分。也正是这个人，最近几年每天下班以后都准时回家，关上大门谢绝一切社交活动，为儿女结亲也都找一些地位平常的人，避免结交高门大族。再加上很少出谋划策，此人俨然已经成了朝中的隐士，淡出人们的视线很久了。

这个人，就是贾诩。

贾诩，是曹魏的重要谋士。谋士的最高境界，是"算无遗策"，一辈子没有失算过，比算命先生还灵。曹操这么聪明，也被火烧赤壁，一败涂地；诸葛亮这么聪明，也曾经六出祁山，劳而无功。三国时期能够当得起"算无遗策"四个字的人，也许就只有贾诩了。

曹丕登门拜访贾诩，没说什么废话，开门见山：请问怎么做才能赢？

贾诩回答："愿将军恢崇德度，躬素士之业，朝夕孜孜，不违子道。如此而已。"什么意思呢？就是请你脚踏实地，认真做事，孝顺父母，尽好做一个儿子的本分。没别的了。

这不是废话吗？其实贾诩说的这番话，表现出他的智谋之术已经臻于化境了。他的表面意思普普通通，毫无惊人之语，实际上是在点醒曹丕：你别搞阴谋诡计了。在这个夺嫡之争的白热化时节，在奇谋谲诈纵横往复的关节点上，能够表现出一种诚恳、朴实的清新之风，才是获胜的正道。因为作为最终评审的曹操，他本人就是用计的老祖宗，一切妙计谲策在他面前都不过是跳梁小丑而已。你看杨修给曹植出的那些计策，不都被曹操戳穿了吗？导致曹操对曹植的印象分大减，这就是一个失败的例子。你索性反其道而行之，朴实无华、以德服人，说不定反而能出奇效。

重剑无锋，大谋似诚，这才是谋士的最高境界。那这么高深的道理，这么隐晦的计谋，曹丕能领会吗？

如果说曹植继承了曹操的绝世文才和浪漫气质，那么曹丕就继承了曹操的政治权谋和实用主义。曹丕对贾诩的用意，完全心领神会。

机会很快就来了。曹操要出征，曹丕和曹植送行。三军将士整装待发，曹植兴致高昂，在大军面前发表即兴演讲，再一次出口成章，赢得一片掌声与喝彩。这时候，在旁边久久不语、情绪低落的曹丕终于再也"控制"不住自己的感情，在眼眶里打转许久的泪水夺眶而出。曾经威严而不可一世的父亲，如今已经老了，微微佝偻的躯体、斑白的两鬓和眼角的皱纹，都在提醒着他：这位帝国最有权势的人，也不过是个普通的老人而已。然而征战在即，我身为儿子却无法替父亲分忧。相会不久，又当远离，临别涕零，但愿这次父亲仍能战无不胜，像往常一样平安归来！

曹丕哭到动情处，拜倒于地。三军跚蹰，众人唏嘘，孤云为之徘徊，天地为之久低昂。曹操望着哭拜马前的儿子，心中也不禁悲不自胜，情动于衷。看来曹植虽然文采出众，到底不如曹丕诚恳踏实啊。曹操心中的天平终于开始向另一侧倾斜。而哭拜于地的曹丕，在泪眼蒙眬中抬眼偷看父亲的神情，心里面乐开了一朵花：曹植啊，比文采，也许我逊你一筹；论演技，影帝这个称号我要定了。

太子争夺战终于要接近尾声了。为曹操倾斜的天平最终加上决定性砝码的有两个人：一是贾诩，二是曹植。

曹操把贾诩找来，问他：你看曹丕和曹植，谁适合当太子？说完，等贾诩回答。但是贾诩没吭声。曹操一看，贾诩就好像神游在外太空，置若罔闻。

曹操有点不高兴："喂喂，问你呢，怎么不回答？"

贾诩"啊"的一声，如梦方醒，忙不迭地道歉："不好意思，我刚才在想别的事情，没反应过来。"

曹操问："想什么？"

贾诩一脸歉意地回答："思袁本初、刘景升父子也。"我在想袁绍父子、刘表父子的事情。

前面讲过了，东汉末年的大军阀袁绍和刘表都因为宠爱少子，最后搞得国破家亡。曹操对这事情再熟悉不过了，现在被贾诩一点破，忍不住浑身打了个激灵。

关键时刻，曹植又犯事儿了。

在夺嫡期间，和紧锣密鼓积极行动的曹丕不一样，曹植反而是任性而为、饮酒不节，经常喝到酩酊大醉。这一天，可能是又喝醉了，曹植纵马驱车出司马门。

司马门，是王宫之中禁卫最森严的一道门，光把守这道门的禁军将领就有八个人之多。按照汉朝的制度，除了天子本人，任何人都只能徒步进出司马门，就算是太子也不能例外。现在，曹植居然光天化日之下在司马门飙车！而且还是酒驾！

　　曹操拍案震怒。他首先立刻处死了掌管宫室车马的公车令。对太子的人选，他的内心终于不再有半点犹豫。公元217年，曹操册立曹丕为魏王太子。太子之争，终于尘埃落定。但是，曹植在太子之争中种种奇怪的表现，暗示着这场争夺战也许并不像我们看到的那么简单，背后还隐藏着一个巨大的谜团。

曹植的秘密

　　如果分析一下曹丕胜出的原因，传统认为有这样几个。

　　第一，曹丕智囊团的质量远远胜于曹植。

　　曹丕的幕僚中，司马懿的老奸巨猾有目共睹，陈群是颍川世族的代表人物，吴质智计过人、表现活跃，都是玩政治的老手。相比之下，曹植的帮手杨修，只不过以文辞见长，至于玩政治，近乎白痴。

　　第二，曹丕在朝中的支持率远远高于曹植。

　　朝中重臣前后得到曹丕拉拢或为他说话的有荀攸、贾诩、钟繇、毛玠、崔琰、邢颙等。至于曹植，则不但不主动拉票，而且还把自己阵营的人推到敌人阵营中去：邢颙是当时名士，人称"德行堂堂邢子昂"，曹操倾慕其人，让他做曹植的家丞，帮曹植一把。结果呢？邢颙看不惯曹植任性而为的作风，屡屡劝谏，曹植依然我行我素，两个人合作得很不愉快，以致在曹操立嗣的问题上，邢颙最后居然反水，力挺曹丕。

　　第三，曹植本人能力有限。

传统认为，曹植这个人虽然才高八斗，文章写得是不错，但是你写文章能写死蜀汉和东吴吗？实际的政治才干和军事才能实在有限。在夺嫡这样残酷而复杂的宫廷斗争中，表现实在让人大跌眼镜。所以，他虽然在曹操的感情倾向上本来占有绝对优势，但行为不检、任性而为，最后输掉了整个的斗争，活该。如果让这样的人成为魏国未来的主人，如何得了？所以曹丕胜出实在是众望所归。

那么，问题来了。既然曹丕不但从身份上看是嫡长子、第一继承人，而且从能力上看也是不二人选，那曹操又不傻，他为什么还要大费周折，冒着成为袁绍、刘表第二的风险，在和刘备、孙权争天下的紧要关头，忙里偷闲地在两个亲儿子之间挑起一场抢夺太子宝座的争斗呢？你干脆直接选定曹丕做继承人不就完了？

曹操自有他的剧本。按照曹操的剧本，他想以太子的宝座为诱饵，试图达到两个目的。

第一个目的：考验满朝文武，看看你们到底站在我曹操这一边，还是站在汉室那一边。

曹操现在已经基本上把汉王朝架空了。汉献帝，是傀儡，实权在曹操手里；汉朝的大臣，有才能的，被他吸纳到了自己的手下，没才能的，踢掉了。曹操下一步的计划，是想让他儿子将来更上一层楼，看看有没有机会取汉朝而代之。那么，让臣下表明立场，已经成为当务之急。

但是，曹操不好直接问大家：你们支不支持我儿子篡位呀？所以，曹操以选拔太子为契机，把这个活动搞大，逼重臣们表态。虽然选太子貌似是曹操的家事，但是谁对曹操的家事越热心，一定程度上也表明谁对曹操继承人的篡汉大业越支持。

二子夺嫡的好戏，也正是一场高级版"指鹿为马"的戏码。即使大臣们对曹操的用意心知肚明，即使有人对此并无心思，也不得不配合曹操的演出。

曹操的第二个目的，才是这场夺嫡的正题：考验曹丕和曹植，究竟谁更适合做太子。

可惜曹操打错了算盘。因为他的这个完美的剧本，由于缺少了一个人的配合，显得漏洞百出。这个人，就是曹植。

不妨先来评估一下历史上曹植的真实水平。这对我们认识曹植，以及认识这场所谓的"太子之争"会有更大的帮助。

第一，军事水平。曹植对自己的军事水平非常自信。他在若干年后给曹操的孙子、自己的侄子魏明帝曹叡的一份上疏（《太和二年疏》）中说：我过去跟着先帝（曹操）南征北战，对行军用兵的神妙已窥堂奥；如果陛下能让我统兵作战，"虽未能禽权馘亮，庶将虏其雄率，歼其丑类"，就算不能够生擒孙权、活捉诸葛亮，也要俘虏他们的高级将领，歼灭他们的伪军。这可不是不着边际的吹牛，曹植的军事水平得到过曹操本人的认可。公元219年，在关羽水淹七军、威震华夏的危急关头，曹操就曾经想派曹植统率大军，救援前线的守将曹仁。

第二，政治水平。

同样是魏明帝时期，曹植给曹叡写了一封信。他在这封信里面暗示，当年姜太公被封在齐国，结果到了春秋末期，掌控齐国的不是姓姜的人，而是姓田的人；春秋时期的超级大国晋国被人瓜分，瓜分它的也不是同姓家族，而是异姓的赵、韩、魏，所以您不要老防姓曹的人跟防贼一样，放心吧，我们这些叔叔伯伯是不会抢你的皇位的，反而要提防一些异姓的功臣。曹植还说，你如果不信，别急着把这封信扔掉，你把它藏起来，藏在档案馆里面。后世的人，会知道我此言不虚。果然如曹植所料，这封上书之后三十五年，曹魏帝国被异姓司马氏取而代之。曹植的政治洞察力，由此可见一斑。

第三，学术水平。

当时有一个名士邯郸淳，"博学而有才章"，曹操非常佩服。邯郸淳和曹植有过一次会面，曹植跟他聊天文（混元造化之端），聊物理（品物区别之意），聊历史（论羲皇以来贤圣名臣烈士优劣之差），聊文学史（次颂古今文章赋诔），聊政治学和行政管理学（当官政事宜所先后），聊军事（又论用武行兵倚伏之势）。一直聊到大家都闭嘴，没人能接得上话为止（坐席默然，无与抗者）。邯郸淳大开眼界，回去之后三月不知肉味，见人就赞曹植是"天人"。

由此可见，曹植乃是一个罕见的文武全才。只不过他的文学才华过于耀眼，掩盖了其他能力而已。这样一个全才，如果铁了心想和曹丕争夺太子之位，再加上曹操对他的偏爱，完全可以想象，曹丕是不可能这么轻松获胜的。

那么，为什么曹植在夺嫡之争中，犯了那么多低级失误呢？我觉得解释只有一个：曹植根本就不愿意斗。早在战斗开始前，他就认输了。

仔细观察之前的比试就可以知道，面对来自父亲的各种考验和试题，相比起曹丕的积极行动来，曹植都只是被动"应付"而已，几乎没有主动出击。他把题目全都扔给了他的智囊杨修，让杨修来想办法。杨修怎么说，他就怎么照办，甚至连保密工作都不做，结果每次都被曹操给戳穿了。为了不成为父亲剧本中的傀儡演员，曹植甚至在选拔太子的关键时刻故意纵酒狂欢、放浪形骸，到司马门去飙车，犯下了许多让人瞠目结舌的低级错误。曹操想给曹植机会，派道德楷模邢颙去做他的家丞，结果呢，邢颙给他提的意见他一概不听，反而把邢颙推到曹丕的阵营里面去了。

不仅仅是选太子期间，曹丕已经当选太子之后，曹植也尽力避免影响到曹丕的位置。

比如，关羽水淹七军、威震华夏的时候，曹操一度想派曹植为将，率领大军支援前线，这对曹丕来说，是一个非常敏感的信号。而曹植呢，故意在出军前夕喝得酩酊大醉、不省人事，从而让曹操收回成命，也化解了来自曹丕方面的疑虑。

据说，曹操临死之前，给曹彰下了一道手谕，让他火速赶回洛阳。曹彰到洛阳的时候，曹操已经死了。曹彰就找曹植，说：父王叫我来洛阳，就是想立你为继承人。曹植却再一次退让："不可。不见袁氏兄弟乎？"别胡说。难道你忘了袁绍宠爱少子，最后败亡的教训了吗？

前后联系起来，只有一个解释：早在竞选太子开始的时候，曹植就已经弃权了。

这不是我一个人的猜测，其实早在隋朝就有人看穿了曹植的心事，发现了这个千古不发之秘。隋朝有个大隐士，叫王通，以当代孔子自居，号"文中子"。他在著作《中说》里面有两句对曹植的评价。

一句是："陈思王可谓达理者也。以天下让，时人莫之知也。"陈思王就是曹植，曹植后来被封为陈王，"思"是他的谥号。王通说："曹植真是个通情明理的人啊！他把天下让给了他哥哥，当时的人却不知道。"

另一句是："陈思王善让也，能污其迹。"这是说曹植不但把天下让给了曹丕，而且让得很巧妙，故意往自己身上泼脏水，比如在司马门飙车，让当时的人包括曹操在内，都觉得他无可救药，选曹丕做太子就顺理成章了。

这样的解释，我想应该是符合历史的。这才是历史上那个真实的曹植。

那么问题来了，曹植这么做，目的何在呢？好像非常不可思议。太子，谁不想做啊？何况曹操已经把江山都打下来了，你如果做了太子，等曹操一死，顺理成章就可以把汉朝取而代之做皇帝了，这种天上掉馅饼的好事情，曹植为什么要一手推开？

其实，只要理解了曹植这个人，就可以理解他的做法。权力欲望极强的曹操、曹丕，都难以理解世界上有这样一种人：他沉醉于美好的文学世界而不愿自拔；他兴之所至，会主动请缨愿为百夫长、长驱蹈匈奴；他任性起来，会醉卧沙场君莫笑、斗酒十千恣欢谑。他发于南海而飞于北海，非梧桐不止，非练实不食，非醴泉不饮，根本不屑于曹丕爪下的那只腐鼠。

他就是曹植，一个彻底的浪漫主义者，一个与浊世格格不入的性情中人。前不见屈原，后不见李白；念天地之悠悠，独怆然而涕下。天才曹植在那个时代是孤独的。

曹植一醉泯恩仇，化解了手足之间的明争暗斗，完成了他的历史使命。但是，把政治前途押在曹植身上的杨修，却已经走到了生命的尽头。

在选拔太子的竞争中，杨修始终坚定地站在曹植一边，毫不动摇。曹植的落败，当然也就让杨修的政治前途失去了希望。公元219年，曹操终于处死了杨修。那么，杨修到底做了什么，给自己带来了杀身之祸呢？曹操杀死杨修，背后的深层次考虑又是什么呢？

杨修之死

赤壁之战以后，刘备的发展势头非常迅猛。

赤壁之战中，打主力的其实是孙权。刘备当时只是一个四处流窜的军阀，穷得叮当响，没有多少兵。火烧赤壁以后，曹操从荆州退了出去。刘备就像非洲草原上跟在狮子身后的鬣狗一样，趁机上去啃两口残肉剩骨，抢了几个城池做立足点。刘备站稳脚跟以后，向西南进军，把益州境内的一个军阀刘璋给一锅端掉了，接着就对曹操的汉中发动了猛烈的进攻。

此时的刘备，早就已经不是当年寄人篱下的那个穷光蛋了。他手下兵多将广，人才济济。面对刘备的进攻，曹操再也不敢小觑。他不顾六十五岁的高龄，亲自率领大军，前去抵御刘备，保卫汉中。出军之时，捎带上了杨修，让他在身边做个参谋。

没想到兵临前线，仗打得很不顺利，曹操很苦恼。有一天晚上，曹操给部下出了一个口令，内容只有两个字："鸡肋。"大家都不知道什么意思，只有杨修听懂了，开始收拾行李。众人问他：魏王这是什么意思啊？杨修说："夫鸡肋，弃之如可惜，食之无所得。以比汉中，知王欲还也。"

太简单了。鸡肋嘛，扔了吧，怪可惜的；吃了吧，又实在没什么肉。魏王的意思是拿鸡肋来比喻汉中。估计这仗打不久，魏王要撤退了。根据《三国演义》的描写，曹操听到这话以后，恼羞成怒：我的心思就这么被你看穿了？大怒，借口扰乱军心之罪，就在军中把杨修给处死了。

当然，也不光是猜"鸡肋"这一次，曹操以前也有好多哑谜，都被杨修猜透过。比如有一次，曹操得到一盒酥糖，尝了一口，觉得挺好吃，就在盒盖子上写了个"合"字，发给群臣。群臣一看，这啥意思？不理解。都在那儿乱哄哄地瞎猜。杨修来了。杨修一看，明白了，打开盒盖，拿勺子舀了一勺吃掉，扭头就要走。大伙儿赶紧叫住杨修：丞相这是啥意思？杨修说：这还不简单吗？"合"字拆开是哪三个字？人一口。"一合酥"就是一人一口酥。丞相的意思，是让我们一人一口给吃了。众人这才恍然大悟。

曹操呢？当时正乐颠颠地等着，估计我这哑谜你们也猜不透，到时候来问我，我给你们揭开谜底，你们肯定都特别佩服我！结果等了半天，也没人来问。派人一打听，杨修已经把谜解开了。曹操恨得牙根痒痒。

再有一次，曹操找工匠给造个园子，完工后验收，在园子里溜达了一圈，什么都没说，拿起毛笔在门上题了个"活"字。工匠们百思不得其解，又来问杨修。杨修说：这简单，门里面加个活字，就是个"阔"字，丞相嫌这门太阔了，要你们弄窄一点。曹操知道了，表面称赞杨修聪明，实际上又怀恨在心。

所以新仇旧恨加在一起，到"鸡肋"这会儿终于爆发了：为什么我出的谜语你都能猜出来？给我去死吧！就把杨修给杀了。这是传统的说法。

实际上是不是这回事呢？杨修是不是死于"鸡肋"呢？恐怕不是的。

《三国志》注引《典略》记载：杨修之死，是在公元219年秋天。而曹操去打刘备，是在三月，五月就撤退了。从五月到秋天，起码还有两三个月的时间。显然，首先杨修不是在军中被杀的；其次，杨修也应该不是因为猜破了"鸡肋"等一系列的哑谜，而被曹操恼羞成怒杀掉的。

另外，无论是《三国志》还是《后汉书》，都记载了"鸡肋"的故事，但是都没有说杨修因此而死。所以，说曹操因此而杀杨修，近乎儿戏，是没有根据的。那么，杨修之死的真正原因，又是什么呢？我们来看看历史上杨修是被曹操安了个什么罪名给杀掉的。

《三国志》注引《典略》说杨修的罪名是："前后漏泄言教，交关诸侯。"

"漏泄言教"，就是泄露国家机密。杨修当时的官职是主簿，也就是曹操的秘书长。秘书长，你就得保密啊。结果你杨修倒好，我曹操说点什么话，你都给我泄露出去了，搞得全天下都知道，所以我要治你的罪。

那么"交关诸侯"呢？就是和诸侯有交往。有人说杨修"交关诸侯"，就是今天说的"里通外国"，和刘备、孙权私底下有来往，阴谋颠覆曹魏政权，这是曹操欲加之罪，何患无辞。这个说法是不对的。刘备倒是自称过"汉中王"，算是个诸侯王的爵位，但是曹操并不承认。曹操不可能一方面不认刘备的诸侯地位，另一方面又说杨修勾结刘备、"交关诸侯"，这不是自己打自己的耳刮子嘛。

所以这个诸侯，只能是指曹操自己封的诸侯。谁呢？临淄侯曹植。前面讲过，曹操选拔太子，杨修积极地奔走其间，为曹植出谋划策，触怒了曹操。但是光这一点还不足以致杨修于死地，真正导致杨修被杀的，还是这个原因：曹植失败了。

曹丕、曹植打响夺嫡之争的时候，身边各聚拢了一派势力，帮他们拉票。现在既然太子人选已经尘埃落定，确定是曹丕了，那么曹丕手下的那帮人，包括陈群、司马懿、吴质，将来都是他的得力助手。而曹植手下的人呢？当然会成为曹丕统治的阻力。所以，曹操挑起了曹丕、曹植的竞赛，现在比赛完了，当然也要负责打扫战场，帮他们善后。

曹植竞选失败以后，曹操的第一个动作，就是"重诸侯科禁"，在立法上加大对曹丕之外其他几个已经被封为诸侯的儿子的监管力度，以免他们威胁曹丕的太子之位。其中的重点关照对象，不用说，当然就是曹植。

搞定了曹植本人，曹操的第二刀，就瞄准了曹植曾经的羽翼——杨修。杨修身为曹操的秘书长，算是一名"内臣"，却和诸侯（也就是曹植）来往密切，这就叫"交关诸侯"，足以治死罪。

这是杨修之死的第一个原因，也是主要原因。还有第二个相对次要的原因：杨修出身于弘农杨氏家族，也是一个"四世三公"的显赫家族，在朝野上下影响力非常大。杨修的母亲，是袁术的女儿。袁术，是袁绍同父异母的弟弟，是东汉另一个"四世三公"的大家族汝南袁氏的嫡子，同时还是东汉末年的一个军阀，专门和曹操作对，结果被曹操给灭掉了。从这层关系上来讲，杨修是袁术的外孙，那政治立场就很不可靠了。所以曹操要在曹植失败以后、曹丕上台之前，抓紧人生最后的时间，把杨修给收拾掉。哪怕背上一个滥杀人才的罪名，也无所谓。我帮我儿子背这口黑锅，反正我也是半截身子入土的人了，不在乎身后骂名滚滚来。

杨修死后一百多天，也就是公元220年正月，曹操终于走到了人生的终点。曹操作为一代乱世之奸雄，就连死亡也显得与众不同，他不仅在生前杀害了一代名医华佗，而且在死后给人们留下了曹操墓到底在哪里的千古谜团。那么，华佗之死到底是怎么一回事？曹操墓的谜团，真相又是如何呢？

第十五章
身后谜团

宁患绝症，绝不受人摆布

曹操是怎么死的？病死的。什么病？据说曹操有很严重的头风病，头老是痛，就请汉末三国最著名的神医华佗给他治疗。

华佗看了以后，说："你这病，吃药吃不好，只能解一时之痛苦，治标不治本。你要是想根治的话，我倒是有一个治疗方案。"

曹操问："你的治疗方案是怎样的？"华佗说："要做一个开颅手术。你先喝一碗我发明的麻沸散，喝完以后就麻醉过去，不省人事。那我就拿一把锋利的斧头，把你的脑袋给劈开，把病根子给取出来，然后再给你缝合，你的病就好了。"

曹操一听，根本不相信："以我们东汉末年的医疗水平，你根本不具备做开颅手术的条件。所以你这不是来治我的病，你这是来要我的命。"

曹操认定华佗要谋害自己，就把他丢进了大牢。没几天，华佗在监狱中非正常死亡。华佗死了以后，曹操的病就真的成了绝症，天底下没有第二个医生能治。所以没过多久，曹操也病发身亡。

这是《三国演义》讲的故事。我小时候读《三国演义》读到这里，也觉得华佗的治疗方案太可怕了，不要说曹操生性多疑，换了我，我也不干。你要拿一把斧子把人家的脑袋给劈开，徒手取病根子，哪有这种事情？所以觉得华佗恐怕是真要谋害曹操。后来读到史书，才知道这个故事虚虚实实，真真假假。那么，《三国演义》在这个问题上有哪些虚构，华佗之死到底是怎么一回事呢？

华佗，是东汉末年沛国谯县人，和曹操是老乡，都是今天安徽亳州人氏。华佗是中国历史上名气最大的医生之一。中国人夸一个医生，说他医术高超，往往会说"华佗再世"。华佗对中国医学乃至于世界医学，做出了两大杰出贡献。

第一，发明"麻沸散"。

麻沸散，可能是世界历史上最早的麻醉药。当时的西方就没有麻醉药，西方的医生要给病人做大型外科手术，通常只有两个办法：第一，给病人灌酒，灌得不省人事，就可以做手术了。病人酒醒了，手术也做完了。第二，拿一把锤子，冷不丁把病人敲晕。趁病人昏迷不醒，做手术。这两种做法，技术含量非常低，死亡率很高。而华佗发明麻沸散之后，做大型外科手术，病人的痛苦就可以大大减轻。麻沸散，是病人的一大福音。

第二，创造"五禽戏"。

所谓五禽戏，是华佗模仿虎、鹿、熊、猿、鸟（鹤）五种动物的形态和动作，改良的一种健身方法，在古代叫作"导引术"，用今天的话说，就是医疗保健体操，可以起到强身健体、舒筋活血、延年益寿的功效。

说句题外话，《晋书》说司马懿有"鹰视狼顾"之相，以此说明此人阴狠残贼，有篡位的野心。实际上，"鹰视"和"狼顾"在汉代典籍中的寓意，应该是五禽戏的两个高难度动作。西汉《淮南子》记载：当时的养生体操，有一个重要动作是"鸱视虎顾"。"鸱"，就是猫头鹰。曹丕

《典论》也说：曹操请了一位气功大师，名叫甘始，教大家导引术。那些久坐办公室的人，都学着"鸱视狼顾，呼吸吐纳"。这种"鸱视狼顾"的导引术，恐怕与五禽戏是一个系列的。甘始来的时候，司马懿已经是曹操幕府中的一位工作人员，在当时风气的影响下，坚持常年练习，恐怕也在情理之中。到了唐代人编《晋书》的时候，已经不理解"鹰视狼顾"的原始含义，就将之作为恶毒的面相来理解了。

华佗在当时是一个游医，没有固定的行医场所，足迹遍布大江南北，治好了很多疑难杂症。华佗的事迹越传越神，最后传到了曹操的耳中。曹操患有严重的头风病，经常发作，严重的时候会目眩耳鸣。

曹操的头风病，到底是个什么病？一般的说法，是偏头痛。但是也有医学专家说：偏头痛没这么严重，不致命。而后来曹操正是头风病越来越严重，最后病发身亡。由此可见，曹操的头风病很有可能是脑瘤，又或者是高血压引起的头痛。这是医学史的问题，今天已经弄不清楚了。总之，曹操的头风病给他的日常工作和生活带来了很大的困扰。所以曹操请了一大批名医、气功大师、养生专家在他的身边。华佗就是其中之一。华佗用的是针灸疗法，头痛了，扎几针，立马见效。

曹操很高兴，觉得有华佗在身边，特别方便。曹操对他说："你要不就留下来，专门给我治病吧。我保障你的衣食住行，保证你的荣华富贵。"但是华佗不愿意。华佗觉得：我学了这一身医术，正是要悬壶济世、造福苍生，岂能专门守着你曹操一个人，做你的私人医生？

所以，华佗对曹操说："你的头痛病，一时半会儿治不好，是个慢性病，只能慢慢地疗养。而我呢，正好家里来了一封信，催我回家一趟。你看我是否可以请个假？"曹操说："可以，你早去早回吧。"华佗就走了。

没想到华佗这一走，没再回来。曹操派人来问："你什么时候回来给我看病？"华佗找了个借口，说："我老婆也病了。曹大人，您再亲也亲不过我老婆吧？我得在家给我老婆看病，等我把她治好了再说吧。"

曹操催了好几次，华佗都用这个借口。曹操就火了，派人下去检查，看他老婆到底是真病还是假病。如果是真的，发放慰问品，继续放假；如果是假的，就抓起来。结果来人一看，假的，就把华佗给抓了起来，判处死刑。

当时曹操身边的人都劝他，说："华佗毕竟医术高超，你的病只有他能治。你要是杀了华佗，可就没人给你治病了，这怎么办呢？"

曹操说这不怕，他提出两点理由。

第一，"天下当无此鼠辈耶"？

天底下难道就找不出第二个华佗来了吗？我就不信只有华佗一个人能治我的病。我把他杀了，再找一个就是。但是，事实证明，天底下还真就只有华佗一个人能够治曹操这个病。曹操杀华佗，考虑不够周详，太冒失、太冲动了。这里可以用另一件事作为对比。《世说新语》记载：曹操养了一个歌伎。这个歌伎，唱歌最好听，但是脾气非常恶劣。曹操忍无可忍，多次想要把她杀了，但又怕杀了以后再也听不到如此美妙的歌声。怎么办呢？曹操搞了一次海选，召集许多歌伎，比拼唱功。最后，果然被他找到一个歌伎，唱功也非常了得，脾气又好。曹操就把原来那个坏脾气的歌伎杀了。曹操在杀华佗的时候，没有像选歌伎那样事先做个海选，过于冲动。

第二，怕受华佗的要挟。

曹操认为，华佗有能力根治头风病，但是华佗故意拖着，不肯根治。这是医生常用的小伎俩。华佗是想让自己从此以后对他产生一种依赖感，从而控制自己，可能是想讹钱，又或者是想控制自己的精神。曹操最怕受制于人，他觉得：我总不能为了治个病，受制于一个医生吧？那宁可这病我不治好了，也不能受制于人。所以曹操就狠下心来，把华佗给杀了。

这是公元208年，火烧赤壁之前的事情。这一年爆发了一场大瘟疫，曹操的小儿子曹冲也染上瘟疫，病死。直到这时，曹操才后悔万分。他感叹道："我要是没杀华佗，曹冲就可以保住性命了！"但是，世界上哪里有后悔药可吃？

所以《三国演义》在这个问题上的第一个虚构，就是让华佗多活了十几年。其实，曹操不是死到临头，疼得不行，临时抱佛脚才找的华佗。历史上，曹操死的时候，华佗已经死了十二年了。

《三国演义》的第二个虚构，就是虚构了一个非常吓人的治疗方案。历史上，华佗并没有那么心急，觉得吃药太慢，我等不及了，我要赤膊上阵，直接拿斧头把你脑袋劈开，徒手取病根！华佗并不是这样脾气暴躁的恐怖医生。恰恰相反，华佗主张采用一个长期的、慢慢疗养的保守治疗方案，心急的反而是曹操。

讲到这里，华佗之死仍有疑点。难道曹操仅仅凭借自己对医生的不信任，就痛下杀手？华佗罪不至死，曹操为何要杀死他呢？除了曹操残忍、偏激的性格原因，还有没有其他原因？

推理小说《血字的研究》中，福尔摩斯说："犯罪行为都有它非常类似的地方。如果你对一千个案子的详情细节都能了如指掌，而对第一千零一件案子竟不能解释的话，那才是怪事哩。"

司马懿装病不肯出山，曹操第一次派人监督，第二次派人捉拿。阮瑀逃进山里，不肯做官，曹操直接派人放火烧山，威胁其性命。曹操的雷霆手段，都是厉行"名法之治"的体现，都是"课其不如法者罪责之"，严格执法，不允许任何人对政府采取不合作的态度。明白了前两个案件，那么第三起案件——华佗之死，也就很好理解了。在曹操眼中，华佗和汉末那些名士一样，也是故作清高、自抬身价，想骗取我更好的待遇、更高的官职，想让我礼贤下士、登门拜访。我曹操才不会买这个账，才不会去你的破茅庐！曹操只会派人依法检查，看你说的是真话还是谎话。

这就是名法之治。东汉末年，因为政府软弱，所以行政失灵，政府说的话没人听，很多事情都干不成。曹操的名法之治，却走向了另一个极端，普天之下莫非王土，率土之滨莫非王臣，不允许隐士的存在，不允许不合作者的存在。君主让你干什么，你就得干什么。谁不听我的，我就杀谁。华佗之死，就是名法之治下的一个悲剧。

华佗死了以后，曹操的头风病就再也没人能治了。到了公元220年，终于一病不起。曹操去世，时年六十六岁。

曹操之死，给人们留下了最后一道谜题：曹操墓究竟在哪里？

《三国志》记载：曹操去世后，葬在了邺城，他的陵墓被称作"高陵"。然而随着岁月的流逝，曹操墓却如同人间蒸发，丝毫不见了踪影。传说曹操怕死后被人发掘坟墓，于是造了七十二个假的墓穴，试图以假乱真。那么，"七十二疑冢"的说法到底是真是假？从曹操临终留下的遗嘱中，我们又能否探寻到曹操墓的真相呢？

曹操墓位置揭秘

关于曹操墓，历史上有一个非常著名的说法——"七十二疑冢"。冢，就是坟墓。据说，曹操知道自己一生罪孽深重，怕死了以后被人挖坟掘墓，所以在遗嘱中要求造七十二疑冢，也就是除了真的坟墓，另造七十一座假的坟墓，以假乱真，迷惑盗墓贼，让他们不知道哪一座是真正的坟墓。这就是历史上非常著名的"七十二疑冢"的传说。

此外，关于曹操墓的传说，历史上还有很多。清代志怪小说《聊斋志异》，就记录了一个非常恐怖的故事。

清代，在许昌城外有条大河，河水汹涌。河边有个悬崖，靠近悬崖之处，水呈幽黑之色。有一年夏天，有个男子下河游泳，游近悬崖边，突然没入水中。岸上的人只听到"咔咔"的声响，河水变得鲜红，残断的手脚都浮上来了。岸边人大惊失色，派了个水性好的下去看。结果又是"咔咔"几声响，下去的人也被碎尸。众人赶紧报官。县官得知此事，率人来到现场，截断河流，抽干河水，发现悬崖下露出一个洞穴。洞口装着转轮，轮扇像刀刃一样锋利。湍急的水流一冲，轮扇就会飞速旋转。刚才那两个游泳者，就是被这个轮扇给碎尸的。县官下令：捣毁轮扇，进入洞穴。洞穴深处，竖着一块石碑，碑文都是用汉代的文字书写。找懂的人一读，才知道：这个洞穴竟然是曹操的墓！众人冲进墓中，砸烂棺材，把曹操的尸骨拆碎抛弃，尽取陪葬的金银财宝而去。

《聊斋志异》作者蒲松龄感叹：人们都说曹操狡诈，死了还要设"七十二疑冢"迷惑后人。哪里料得到，曹操真正的墓还在七十二疑冢之外啊。

那么，七十二疑冢的说法，究竟是历史事实，还是民间传说？

推理小说《巴斯克维尔的猎犬》中，福尔摩斯有云："负责调查工作的人需要的是事实，而不是传说和谣言。"曹操墓的问题，也是如此。传闻、小说，只是故布疑云、骇人耳目，史料才是调查所需的证据。

曹操死前一年，可能预感到死亡即将来临，曾提前安排后事，史称"终令"；临死之前，又专门留了一份遗嘱，史称"遗令"。两份遗嘱，都记录在《三国志·武帝纪》中。关于自己的坟墓，曹操是这么说的：

"敛以时服"，我平时穿什么衣服，死了还穿什么衣服，没必要专门定做一套寿衣，浪费。

"葬于邺之西冈上，与西门豹祠相近"，坟墓的选址，在邺城西边的高土坡上。邺城，位于今天河北省临漳县西南和河南省安阳市北郊一带，曾经是袁绍的大本营，后来曹操的魏国首都也选在了这里。西门豹，是战国时期魏国的一个地方官，治理邺城功劳很大，当地百姓专门给他建了祠堂。曹操说：我的坟墓不能孤零零的，我要挨着西门豹的祠堂，跟他做个伴儿。

"无藏金玉珠宝"，金银宝贝一概免了。还有一句话，叫"因高为墓，不封不树"。汉代皇帝、诸侯的陵墓，都要耗费数年之功，堆土成山，这叫"封"。曹操认为：没有必要专门堆一个高高的坟头，太耗费人力了。西冈的地势本来就高，是一个天然的高坡，把我埋在其中即可。也不要在坟前竖立墓碑，一切纯天然，低碳环保。

为什么曹操一辈子风风光光，最后却既不要陪葬品，也不要墓碑坟头，死得如此低调？

有人揣测：因为曹操特别害怕被人盗墓。为什么呢？因为曹操年轻的时候就曾经做过盗墓的事情。

曹操做过盗墓贼，这倒是有史料依据的。史书记载：曹操早年间刚刚拉起一支军队，手头没什么钱，不能够维持军队的运转。所以曹操就在军中设了两个官职，一个叫"发丘中郎将"，一个叫"摸金校尉"（又署发丘中郎将、摸金校尉，所过隳突，无骸不露）。"发丘"，就是挖开别人的坟墓；"摸金"，就是从坟墓里面偷取陪葬品，拿到市场上变卖，换成钱，维持军队的运转。民间传说，曹操是盗墓这一行的祖师爷。盗人之墓者，人亦盗其墓。曹操当然也怕自己死后被别人盗墓，所以就不要陪葬品，一切从简。

是不是这么一回事？这个说法是有问题的。

曹操不是临死才突发奇想，突然之间想到自己年轻的时候挖过别人的墓，害怕被人报复，才要求薄葬。

事实上，曹操早在公元205年，也就是死前十五年，就已经颁布了一道法令。这道法令有两项内容：第一，严禁厚葬，提倡薄葬；第二，严禁立碑。不允许立各种形式的纪念碑，当然也包括墓碑。（《宋书·礼志二》："魏武帝以天下凋敝，下令不得厚葬，又禁立碑。"）

曹操为什么禁止厚葬？这是出于勤俭节约的考虑。

东汉末年，战乱连年，经济遭到严重破坏，老百姓生活贫困。同时，贫富分化悬殊，富人过着骄奢淫逸、难以想象的生活。东汉末年的《潜夫论》记载：当时的一些富翁花了大价钱，从江南购买了一整根非常名贵的顶级楠木，又雇了很多民夫，用好几个月的时间，将这根巨大的楠木从深山老林之中，千里迢迢运送到首都洛阳。再在洛阳城遍邀能工巧匠，在这块楠木上精雕细刻好几个月，花费上千万的工钱。做成什么呢？做成一口棺材。

做一口棺材要花费这么多的人力物力，陪葬品就更不用说了。中国历史上有一个重大的悬案，叫作"黄金消失之谜"。东汉以前，赏赐黄金，一般都是几百斤、几千斤地赏赐；魏晋以后，只能几十两、一百两地赏赐。如此巨大的黄金，为何消失了呢？一个主流的看法，就是东汉人带到墓穴中去了。东汉末年那种骄奢淫逸的风气，由此可见一斑。

所以曹操就不允许厚葬，专门下了一道薄葬令：把钱留在地面上让活人花，严禁把钱带到地底下去浪费。

那么，为什么也不允许立碑呢？前文说过，东汉末年的儒家士大夫好名，喜欢互相吹捧，往往名过其实。而当时的立碑，往往就是写墓志铭，这是儒家士大夫用来歌功颂德、互相吹捧的一个重要手段。比如汉末大文学家蔡邕就曾说："我给那么多人写了墓志铭，只有一次问心无愧，其他多是歌功颂德。"

曹操厉行名法之治，最反感名过其实，而要求名实相符。但墓志铭名实相符，还怎么写呢？死者为尊，怎么能在墓志铭中写死者的缺点呢？所以干脆严禁立碑。

汉碑，在中国历史上非常著名，留到今天的也很多。但是三国两晋时期，没有多少石碑留下来，而且墓志铭往往从坟墓之外转入墓穴之中，就是曹操禁碑令起的作用。

从曹操的遗嘱中，可以读出两个信息。

第一，曹操墓的位置，在当时是非常明确的，就在邺城西边的高土坡上，挨着西门豹的祠堂，没有什么疑问。曹操没有要刻意隐瞒的意思，更没有假造什么七十二疑冢。他还在遗嘱中明确交代："你们想念我了，就可以登上铜雀台，向西遥望我的陵墓。"（"汝等时时登铜雀台，望吾西陵墓田。"）可见，当时邺城内的高处，就可以看到曹操墓，没有任何秘密可言。

第二，曹操要求薄葬，不是突发奇想，也不是害怕别人盗墓，而是依法薄葬，严格遵守他生前立下的法律，把他的法治精神贯彻到死。

但是，曹操薄葬的做法，给后世的人们留下了巨大的想象空间。

虽然史书记载非常明确，但毕竟很少有人愿意读书。人们总是一厢情愿凭借自己的感性认识，觉得你曹操作为一代奸雄，生前富有天下，为什么死到临头造个坟墓却这么低调，这么鬼鬼祟祟的呢？联系到你活着的时候那么狡猾，作恶多端，那么只有一个解释——你不想让别人知道你的墓在哪儿，你怕被别人盗墓！这是后来人毫无根据的猜测。

再加上曹操墓本来就造得比较隐蔽，没有坟头、没有墓碑。在魏晋时代，还可以登临眺望。但是时间一长，到了唐宋之间的时候，就真的找不着了。唐初，唐太宗还亲自去吊祭过曹操墓，当时还知道具体位置。但是安史之乱以后，北方长期控制在藩镇手中，形成割据势力，往来不便。尤其到了宋代，曹操墓的故地先后被辽、金等民族政权所占据。割据政权之外的南方人，只知道大概就在那一片。但是那一片又有很多坟墓，搞不清楚具体是哪一个，所以人们添油加醋，加上民间的自由想象，到了宋朝就有了"七十二疑冢"的说法。

宋朝有个诗人，写了一首诗，我换个题目，叫作《曹操墓挖掘指南》，是这么说的：

> 人言疑冢我不疑，
>
> 我有一法君未知。
>
> 尽发疑冢七十二，

必有一冢藏君尸。

大意是说：大家都说曹操的疑冢太多了，不知道哪一个是真的。我倒是有一个办法，可以找到真墓。只要把曹操的七十二个疑冢全都给挖一遍，总有一个坟墓藏着他的尸体。

这得跟曹操有多大的仇，才能想出这么损的招！但实际上，他就算真的把这七十二疑冢全都给挖掘一遍，我敢保证他也找不到曹操的尸体。因为所谓的七十二疑冢，根据今天考古学家的发掘，是北朝贵族的大型墓葬群，跟曹操没有半点关系。

有趣的是，2009年年底，河南省文物局公布：曹操墓在河南安阳安丰乡西高穴村被发现。这个曹操墓究竟是真是假，在网络上引发了巨大的争议。曹操在其死后近一千八百年，再次登上舆论的风口浪尖，吸引了全中国的目光。

这座"曹操墓"，是东汉晚期的墓葬，规格呈现为诸侯王的级别，从地理位置和薄葬风格来看，都符合曹操遗嘱的说法。墓中有一具六十岁左右的老年男性尸骨，推测可能是曹操。

最过硬的证据，是墓中发现了刻有"魏武王"三字的铭牌七块。曹操死时，仍是王爵，称"魏武王"是比较合理的。曹丕称帝，才追谥"魏武帝"。东汉晚期墓葬，有资格称"魏武王"的，恐怕只有曹操一人。而七块铭牌出现在墓穴中，恐怕也大致可以排除曹操赏赐给他人的可能性。这些铭牌，有的是"魏武王常所用格虎大戟"，也就是曹操用来和老虎格斗的武器，令人联想到他早年刺杀张让使用的手戟。有的是"魏武王常所用慰项石"，是一块中间凹陷的颈部按摩器，令人联想到曹操的头风病，可能是由颈椎病导致的头部供血不足引起。将"慰项石"赏赐手下，似乎也不大可能。由此来看，这座坟墓是曹操墓的可能性很高。

但引起争议的原因，主要有以下几点。

第一，该墓自2005年以来，经过多次盗掘，直到2008年才由河南省考古队抢救性发掘。其中很多文物，都是事后追还，而非墓中出土。究竟是否出自本墓，以及有无伪造可能，都需要打一个问号。

第二，曹操墓具有巨大的旅游价值，可能给当地政府带来不可估量的经济收益。在整个考古工作过程中，当地政府以巨大的力度支持发掘，因此人们怀疑政府对学术的介入程度。

第三，曹操墓的认定，是在考古发掘的田野工作尚未完全结束之时，就已经发出，显得操之过急，不能不令人怀疑其严谨性。

"曹操墓"发掘事件，是互联网时代的一次公共事件。以前由少数专家和地方政府的考古工作，第一次直接曝光于网络上，经受网民的苛刻考验。在这个互动过程中，无论政府还是专家，都缺乏应对媒体与公众的经验。到2015年，江西南昌海昏侯汉墓的发掘，全程井然有序地呈现在公众面前，专家与网民良性互动，共同完成了一次公众考古的实践。对比"曹操墓"发掘的混乱与冲突，中国的考古学显然进入了一个新的时代。

顽皮而诡谲的曹操，在其死后一千八百多年，仍然以他特有的方式，影响着中国的现实。

曹操一生文韬武略，是中国历史上一位少有的政治家、军事奇才和诗人。他剿灭了北方群雄，统一了北方中国。而他积蓄的力量，在其身后也最终结束了中国历史上极富戏剧性的三国争雄时代，完成了中国的统一。可是，在曹操身后的漫长岁月里，他却逐渐演变为世人眼中残忍冷酷的乱世奸雄，一个阴险狡诈、千夫所指的超级奸臣。在中国的戏剧舞台上，曹操的大白脸形象，与其他人物形象形成了鲜明的对比。这种强烈的反差，在中国历史上独一无二，成为古今奇观。那么，为什么同一个曹操，在后世人心中却形象各异？在他众多的形象之中，究竟哪一个才是他最为真实的面孔呢？

曹操的七十二张面孔

曹操墓有七十二疑冢，是假的；曹操有七十二张假面孔，倒是真的。

曹操死了一千八百年，他的形象却变得越来越复杂。有人说他是小人，有人说他是圣人，有人说他是卑鄙的圣人；有人说他是英雄，有人说他是奸雄，有人说他是可爱的奸雄。

这里有两个问题，值得我们思考。

第一个问题，这么多张各不相同的面孔之中，究竟哪一张才是曹操的真面目呢？

其实，曹操的七十二张假面孔和七十二疑冢，道理是完全一样的。曹操墓在哪里，史书有明确的记载；曹操的真面目如何，历史也有记载。虽然这个记载不可避免地夹杂着历史记录者的主观情感和不自觉的加工，但是基本形象是很明确的，没有太大分歧。我们要想知道曹操到底是一个什么样的形象，他的真面目究竟如何，只需要把《三国志·武帝纪》找出来读一遍，就明确了。

所以，关键在于第二个问题：为什么曹操会有这么多错综复杂，甚至截然不同的形象呢？

德国诗人歌德说过："一切理论都是灰色的，而生活之树常青。"（《浮士德》）相对于历史上那个丰富多彩的曹操来讲，后人对他的一切概括、一切评价，也都显得片面、单调，黯然失色。

历史长河，逝者如斯，不变的是人性。我们在对曹操进行评价的时候，千万不能忘记这样一个前提：曹操和我们一样，也是一个在历史上曾经真实存在过的活生生的人。他和我们一样，也曾经有过调皮捣蛋的童年，有过充满理想的少年，有过彷徨迷茫的青年，有过拼搏奋斗的壮年，有过圆滑世故的中老年。

在曹操的身上，人性的善与恶纠缠交错，无法进行简单的分割。对这样一个复杂的人物，如果我们用一个词语进行简单的概括，那么你说他是好人也好，坏人也罢，英雄也好，奸雄也罢，都如同盲人摸象，各执一端，有人摸到的是耳朵，有人摸到的是鼻子，有人摸到的是腿，唯独不是大象，唯独不是曹操。

古希腊哲学家克塞诺芬尼有云："决定一切的，只是姿态。"曹操长什么样，很大程度上也取决于观察者所采取的姿态。

为什么在曹操活着的时候，就有人夸他是圣人周公，有人骂他是名为汉相、实为汉贼？立场不同。站在曹操这一边的人，就夸他是周公；站在他对立面的敌人，就骂他是汉贼。

为什么中国历史上，越是像东晋、南宋这样割据一方的小朝廷，对曹操骂得就越凶呢？政治需要。割据一方的小朝廷，在心理上往往把自己代入同样割据一方、相对弱势的刘备和孙权，反过来就转化为了对曹操的仇恨。

为什么在古人的眼里，曹操是道德败坏，是"乱世之奸雄"；而在现代人眼里，往往有人认为他个性解放、真诚不做作，是"可爱的奸雄"呢？价值多元化的时代，人们反感高大全的、虚假的"伟人"形象，反过来就转化成了对曹操这样一个有个性、有小缺点的历史人物的喜爱。

决定一切的，都是我们自己所采取的姿态。

所以，为什么一个已经死了一千八百多年的古人，直到今天还被我们津津乐道？为什么我们说曹操是中国人最熟悉的陌生人？因为曹操就像一面镜子，摆在那里，我们眼睛里看见的是曹操，照见的却是我们自己；我们所陌生的，是历史上曾经真实存在的，那个已经离我们渐行渐远的曹操；而熟悉的，则是从曹操身上折射回来的、你我都有的人性之光。

附　　录
曹操大事年表

年　份	曹操年龄	重要事迹
东汉桓帝永寿元年 公元155年		曹操出生。
灵帝建宁元年 公元168年	14岁	宦官专政开始。曹操任侠放荡、飞鹰走狗，与袁绍等官僚子弟结交。宫廷政变，名士陈蕃、外戚窦武被宦官杀害。
建宁二年 公元169年	15岁	约在本年之后，曹操进太学学习。同年，党锢事件全面爆发，政局动荡不安。曹操上书灵帝，为陈蕃、窦武伸冤，未果。他又曾行刺大宦官张让，未遂。
熹平二年 公元173年	19岁	太学期间，曹操积极结交名士，营建关系网，获何颙、桥玄、许劭等人青睐。名士宗承则鄙薄其为人，不愿缔交。
熹平三年 公元174年	20岁	曹操被推举为孝廉，任洛阳北部尉。他执法严酷，当街打死触犯宵禁令的宦官蹇硕之叔父，名震一时。
熹平六年 公元177年	23岁	宦官及其党羽嫉恨曹操，但碍于曹嵩的势力，故意称举曹操为顿丘县令，使之离开京城。
光和元年 公元178年	24岁	宋皇后被废，兄弟宋奇被诛。宋奇是曹操的从妹夫，故曹操连带被免官。

年　份	曹操年龄	重要事迹
光和二年 公元179年	25岁	曹操有妻丁氏，本年又纳出身倡家的卞氏为妾。
光和三年 公元180年	26岁	曹操应征为议郎。
光和五年 公元182年	28岁	曹操与司徒陈耽一起上书，指斥太尉、司空与宦官的腐败。事后，陈耽被杀害。曹操明白朝廷已经腐烂透顶，无可救药，从此不再建言献策。
中平元年 公元184年	30岁	黄巾起义爆发，天下震动。曹操任骑都尉，破敌有功，升任济南国相。他禁断淫祀，奏免贪官。雷厉风行的改革激怒了中央宦官与地方豪强。曹操托病辞官避祸。
中平二年 公元185年	31岁	曹操回乡，秋夏读书，冬春射猎，想要隐居二十年以躲避乱世。
中平四年 公元187年	33岁	曹操被起用为都尉。父曹嵩任太尉。子曹丕出生。
中平五年 公元188年	34岁	冀州刺史王芬谋废灵帝，曹操拒绝参与。曹嵩被免去太尉。曹操任西园新军典军校尉。
中平六年 公元189年	35岁	灵帝驾崩，皇子辩即位，何太后临朝。大将军何进把持朝政，任用袁绍、袁术兄弟，想要召外将董卓，威胁太后，杀尽宦官。曹操反对，无效。宦官杀死何进，袁绍杀死宦官。董卓进京废帝，立刘协为帝。曹操逃亡，因误会杀故人吕伯奢全家。过中牟县被捉，旋即释放。曹操起兵反对董卓。
献帝初平元年 公元190年	36岁	关东军阀推袁绍为盟主，共同讨伐董卓。曹操与董卓将徐荣交战，大败。曹操责备袁绍拥兵不进。袁绍谋立刘虞为帝，曹操拒绝，遂脱离联军，分道扬镳。

年　份	曹操年龄	重要事迹
初平二年 公元191年	37岁	曹操担任东郡太守，击破黑山军。荀彧脱离袁绍，投奔曹操。
初平三年 公元192年	38岁	兖州遭青州百万黄巾攻击，刺史被杀。州人迎曹操为兖州牧。曹操击败黄巾，受降卒三十余万，从此强大。董卓被杀。曹操从毛玠之计，派人西至长安迎接天子。曹植出生。
初平四年 公元193年	39岁	曹嵩在徐州境内被劫杀。曹操复仇，东征徐州。
初平五年 公元194年	40岁	曹操再攻徐州，遭到援军刘备抵抗，遂屠杀百姓。后方张邈、陈宫叛曹操迎吕布。双方混战，曹操处境艰难。
初平六年 公元195年	41岁	曹操击败吕布，吕布投奔刘备。
建安元年 公元196年	42岁	曹操迎汉献帝至许，任司空、行车骑将军，控制朝政，开始屯田。
建安二年 公元197年	43岁	曹操进攻军阀张绣，大败。长子曹昂战死。曹操与张绣、刘表、袁术混战。休妻丁氏，立卞氏。
建安三年 公元198年	44岁	曹操擒杀吕布。
建安四年 公元199年	45岁	董承、刘备托衣带诏之名谋诛曹操。曹操遣刘备出击袁术。刘备叛，袁术死。袁绍灭公孙瓒，成为最大军阀，欲进攻曹操。曹操迎战，驻军官渡。张绣投降曹操。
建安五年 公元200年	46岁	官渡之战。
建安七年 公元202年	48岁	袁绍死。其子谭、尚不和。曹操攻之。

年　份	曹操年龄	重要事迹
建安九年 公元204年	50岁	曹操取得河北，为冀州牧。
建安十年 公元205年	51岁	曹操破杀袁谭。
建安十二年 公元207年	53岁	曹操北征乌桓。辽东军阀公孙康杀袁熙、袁尚，献其首。袁氏遂亡。
建安十三年 公元208年	54岁	曹操任丞相。曹操与孙刘联军战于赤壁，败。
建安十五年 公元210年	56岁	曹操发布"求贤令"，在邺城建铜雀台。
建安十六年 公元211年	57岁	凉州军阀马超、韩遂来攻。曹操西征，大破之。
建安十七年 公元212年	58岁	曹操南征孙权。荀彧与曹操发生龃龉，自杀。
建安十八年 公元213年	59岁	曹操为魏公，加九锡。魏国建宗庙社稷。
建安十九年 公元214年	60岁	伏皇后与父伏完谋杀曹操，事泄被杀，宗族被诛，死百余人。
建安二十年 公元215年	61岁	汉献帝立曹操之女为皇后。曹操西征张鲁，占领汉中。
建安二十一年 公元216年	62岁	曹操为魏王。
建安二十二年 公元217年	63岁	曹操再下求贤令，用人不拘品行。立曹丕为魏王太子。
建安二十三年 公元218年	64岁	少府耿纪、太医令吉本等发动兵变，反对曹操，被杀。曹操写下遗嘱，确定死后墓葬位置与规格。刘备屡屡进攻汉中，曹操西至长安，预备亲征。

年　份	曹操年龄	重要事迹
建安二十四年 公元219年	65岁	刘备进击汉中，杀夏侯渊。曹操亲至汉中，与之对峙，不利，退还。刘备占领汉中，自称汉中王。关羽北伐，擒获于禁，威震华夏。曹操杀杨修。曹操联合孙权，袭杀关羽。孙权称臣。
建安二十五年 公元220年	66岁	关羽首级送至洛阳，曹操以诸侯礼葬之。正月庚子，曹操病死。